YOUCAT

Amor para siempre
Solteros, novios, esposos

YOUCAT

AMOR
PARA SIEMPRE

SOLTEROS, NOVIOS, ESPOSOS

Con un prólogo del
papa Francisco

Título de la edición original alemana:
Liebe für immer. Vom single zum sakrament

© De la presente edición, Ediciones Encuentro S.A., Madrid 2026

El original alemán de esta obra fue publicado por la Conferencia Episcopal
Austriaca y su texto confirmado por el Dicasterio para la Evangelización – Sección
para las cuestiones fundamentales de la evangelización en el mundo, Prot. N.
EV1/66/2025/P del 23 de enero de 2025. Información bibliográfica de la Biblioteca
Nacional Alemana.

Traducción y adaptación española con las debidas licencias del Arzobispado de
Madrid (24 de noviembre de 2025)

Traducción de Miguel Oliva Rioboó

© 2025 de la edición alemana: YOUCAT Foundation gemeinnützige GmbH

Maquetación, diseño, ilustraciones y formato: Alexander von Lengerke, Colonia,
Alemania

Impresión y encuadernación: Cofás-Madrid
ISBN: 978-84-1339-260-8
Depósito legal: M-5-2026
Printed in Spain

www.youcat.org Youcat Foundation gemeinnützige GmbH promueve proyectos
de nueva evangelización en todo el mundo a través de los beneficios del trabajo
editorial y las donaciones recibidas, en los que se anima a los jóvenes a descubrir
la fe católica como base para sus vidas. Puede apoyar el trabajo de la Fundación
Youcat haciendo una donación: Liga Bank eG, IBAN: DE77 7509 0300 0000 2589 89,
BIC: GENODEF1M05

Símbolos y su significado

" Citas

⛪ Citas de un papa

? Conceptos

B Citas de la Biblia

i Datos de interés

 Flashes
¡Ampliar información
en línea!

Testimonios de adultos jóvenes
de todo el mundo

Fuentes

B Biblia
CIC Codex Iuris Canonici (Derecho canónico)

Catecismos
Y YOUCAT
D DOCAT
CCE Catecismo de la Iglesia Católica

Textos eclasiásticos
LG Lumen gentium (1964)
HV Humane vitae (1968)
FC Familiaris consortio (1981)
DV Donum vitae (1987)
DC Deus caritas est (2005)
CV Caritas in veritate (2009)
AL Amoris laetitia (2016)
GE Gaudete et exsultate (2018)
DT Dilexi te (2025)

Contenido

3 En común y ya no en solitario
86–87

Prólogo del papa Francisco

Queridos amigos:

En mi país, Argentina, hay un baile que me gusta mucho y que en mi juventud solía bailar a menudo: el tango. El tango es un maravilloso y libre juego entre el hombre y la mujer, lleno de fuerza de atracción y que rezuma erotismo. Tangueras y tangueros se cortejan recíprocamente y experimentan la cercanía y la distancia, la sensualidad, la consciencia, la disciplina y la dignidad. Disfrutan del amor y atisban lo que podría ser llegar a entregarse. Quizá por un lejano recuerdo de este baile puse por título *Amoris laetitia* a mi mayor escrito doctrinal sobre el matrimonio.

Siempre me conmueve ver a la gente joven que se enamora y que tiene la audacia de convertir su amor en algo grande: «Te amaré hasta que la muerte nos separe». ¡Qué promesa tan descomunal! Ahora bien, no estoy ciego y vosotros tampoco lo estáis. ¡Cuántos matrimonios fracasan hoy en día tras tres, cinco, siete años! Quizá vosotros mismos incluso tenéis padres que se iniciaron con

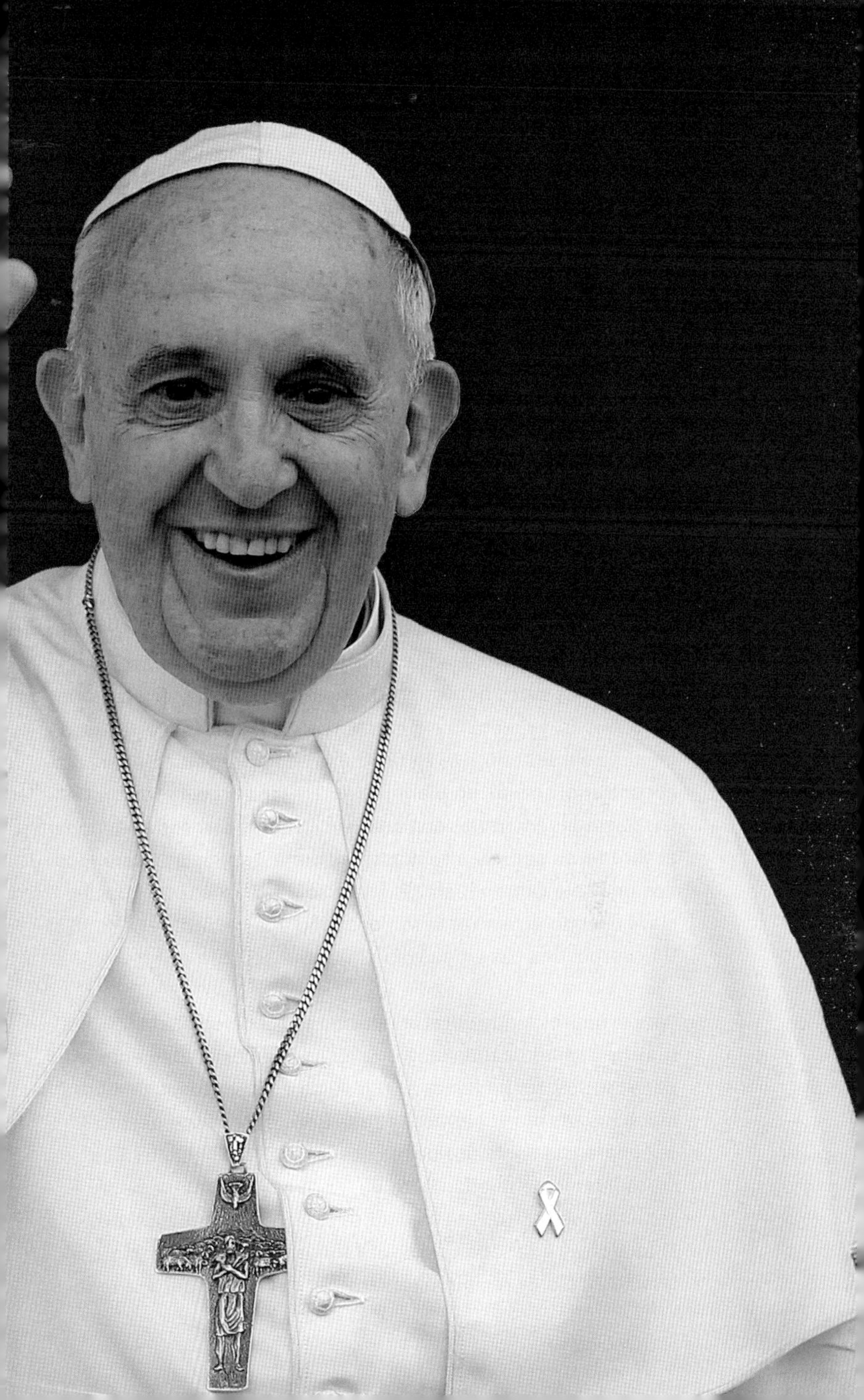

esa misma audacia en el sacramento del matrimonio, pero que no pudieron llevar a término su amor. En ese caso, ¿es mejor evitar el dolor, entrar en contacto solo con algo que se asemeja a un baile efímero, disfrutar el uno del otro, jugar el uno con el otro y después volver a separarse?

¡No os lo creáis! Creed en el amor, creed en Dios, creed en que podéis superar la aventura de un amor para toda la vida. El amor quiere ser definitivo. Amar «...por el momento», no es amar. Nosotros los seres humanos tenemos el anhelo de ser aceptados sin reservas, y quien no experimenta esta aceptación arrastra, a menudo sin saberlo, una herida durante toda su vida. Quien, por el contrario, se une, no pierde nada. Lo gana todo: la vida entera. Las Sagradas Escrituras son aquí muy claras: «Por eso abandonará el varón a su padre y a su madre, se unirá a su mujer y serán los dos una sola carne» (Gén 2,24) ¡Una sola carne! Jesús da con la clave cuando dice: «Ya no son dos, sino una sola carne» (Mc 10,8) Un cuerpo. Una casa. Una vida. Una familia. Un amor.

Para ayudaros a que vuestra relación se funde en el amor leal a Dios he llamado a toda la Iglesia a que haga decididamente más por vosotros. No podemos seguir como en los últimos tiempos: muchos ven solo el hermoso ritual. Unos pocos años después se separan: la confianza queda destruida. Se infligen heridas. Frecuentemente quedan hijos de los que el padre o la madre se tiene que alejar. Para mí esto es como bailar mal un tango. El tango hay que saber bailarlo. Y tanto más el matrimonio y la familia. Antes de recibir el sacramento del matrimonio se requiere una preparación adecuada, yo diría incluso un catecumenado, pues la vida entera se pone en juego con el amor, y con el amor no se juega. La palabra catecumenado tal vez no os diga nada. Quien en la Iglesia primitiva quería ser cristiano pasaba por un «catecumenado», un camino de aprendizaje y autoexamen que duraba frecuentemente varios años. Para el sacramento del matrimonio siempre he soñado con una fase de ejercitación similar que pudiera manteneros a salvo de desengaños y de enlaces matrimoniales nulos e inestables.

¡Cuánto me alegra que YOUCAT haya acogido mi iniciativa! Cuando hace años oí de este proyecto y tuve conciencia de que jóvenes católicos de 30 países se involucrarían en él, pedí al equipo que leyera *Amoris laetitia* y lo tradujera a un lenguaje más juvenil. Ahora puedo ver que todo ha salido bien. El libro es un compañero perfecto en el camino hacia el sacramento del matrimonio. Habla convincentemente y de manera positiva de la «alegría del amor», y no esquiva los baches que hay en el camino hacia una vida en común satisfactoria. Tomadlo como lectura básica para todo tipo de preparación de cara al matrimonio que merezca el nombre de catecumenado matrimonial. ¡Participad también, en todo caso, en los cursos de preparación al matrimonio! Cuanto más exigentes sean, tanto mejor. Debatid sobre el libro en pareja o con otras parejas amigas. «La danza hacia adelante con ese amor joven», escribí en *Amoris laetitia*, «la danza con esos ojos asombrados hacia la esperanza, no debe detenerse».

Siempre vuestro,

Franciscus

Papa Francisco

Lo que podéis hacer con este libro

«El amor no pasa nunca» (1 Cor 13,8), dice la Biblia. ¿No contradice esto toda experiencia? Desde la primera cita hasta romper a través de las redes sociales solo pasan, a menudo, unos meses.

Ahora bien, quizá tengáis el deseo de **un amor que no termine nunca**. Este deseo, sin embargo, está plagado de dudas: dudas sobre vosotros mismos y sobre vuestra capacidad de amar, dudas sobre la otra persona. Tal vez alguien os haya dicho alguna vez: «¡Te quiero!». En el momento eso os dejó totalmente desconcertados. Pero ¿son realmente suficientes todos esos maravillosos sentimientos y esas mariposas en el estómago para cumplir una promesa tan descomunal como: «Te amaré, respetaré y honraré todos los días de mi vida, en lo bueno y en lo malo, en la salud y en la enfermedad, hasta que la muerte nos separe»?

Quizás tengáis amigos que simplemente no lo consiguen, o fracasó el matrimonio de vuestros padres, u os repugne la forma en que los *influencers* tienen citas o la manera en que se pinta el amor en las comedias románticas. ¿No será mejor entonces no casarse?

* entre otras cosas, para hacer malabares, usarlo como taburete, arreglar muebles rotos de forma muy sostenible o, si no tenéis ninguno a mano, ¡usarlo como paraguas!

No sois los únicos que os plantéais esta pregunta. El papa León XIV da la clave para responderla: «Entre todas las vocaciones, el matrimonio es una de las más nobles y elevadas». Así como hoy León XIV, el papa Francisco amaba a los jóvenes, buscaba constantemente el contacto con ellos y le conmovían profundamente los **desafíos** a los que se enfrentan. El papa fue muy crítico con su propia Iglesia. Su reproche era el siguiente: ¡no puede ser que dejéis a los jóvenes solos ante esta importante cuestión! «No se puede», decía el papa, «decir que tres o cuatro charlas en la parroquia son una 'preparación al matrimonio'. No, eso no es preparación alguna: es un engaño de preparación». Por eso, el Santo Padre exige: «Antes de recibir el sacramento del matrimonio, se requiere una preparación adecuada, yo diría incluso un catecumenado, pues la vida entera está en juego en el amor, y con el amor no se juega».

Del «Yo te amo»...

¿Qué es eso de un «**catecumenado**»? Traducido al lenguaje actual, se podría decir que es un curso condensado, un taller intensivo, un entrenamiento de alto nivel, o puede que también una prueba de resistencia. La palabra surgió en los primeros tiempos del cristianismo, donde tenía un significado preciso. Cuando los adultos se convertían a la fe, no se les ponía simplemente la etiqueta de «cristiano» en la frente, sino que se les admitía en un catecumenado para prepararlos de manera grobal para el sacramento del bautismo en un proceso estrictamente pautado. Se les acompañaba muy de cerca y se les hacía entrar poco a poco en una nueva vida. Al final de un camino lleno de descubrimientos llegaba la gran fiesta, la noche de Pascua, en la que los catecúmenos eran literalmente sumergidos en el agua bautismal. Todo su pasado era lavado en esa agua y salían de allí con la nueva vida que Dios le había concedido. ¡Así debe ser también con el matrimonio!, pensó el papa. ¡Una cosa totalmente diferente a lo que se hace hoy en día!

Este libro surge de la fascinante reivindicación del papa Francisco de un **catecumenado matrimonial**. Se trata, por tanto, de un libro cuyo tema es el amor entre un hombre y una mujer, pues, según la concepción de la Iglesia solo un hombre y una mujer pueden ofrecerse mutuamente el sacramento del matrimonio. Otras formas de relación, como las uniones entre personas del mismo sexo, apenas son tratadas aquí. Sin embargo, ni siquiera el mejor libro sobre la preparación al matrimonio puede sustituir lo que es necesario que ocurra en los encuentros en persona, en largas conversaciones, en cursos de preparación al matrimonio y talleres intensivos. ¡No dejéis de asistir a ellos! Pese a todo, antes y después necesitaréis silencio, estar vosotros dos a solas, dialogar, meditar, pero también algo para leer que agudice vuestros sentidos, estimule vuestro espíritu, fortalezca vuestro amor y afirme vuestra decisión ante Dios.

... al «Te amaré,

Sobre casi 1000 preguntas y sugerencias de gente joven de 30 países se construyen las bases de este libro. Además, un grupo de gente joven estuvo presente cuando un equipo de YOUCAT formado por sacerdotes, matrimonios y teólogos, intentó dar respuestas sólidas basadas en la fe católica a esas preguntas. Encontraréis sus fotos en las solapas del libro. Un escrito del papa Francisco nos ayudó especialmente: *Amoris laetitia* («La alegría del amor»). Es magnífico, ¡y quizá deberíais también leerlo en algún momento!

respetaré y honraré».

¿Qué podéis hacer con este libro ahora?

1 Podéis **leerlo solos** y conoceros mejor a vosotros mismos. Si descubrís algún punto en el que os remueva la conciencia, buscad el diálogo con alguien en quien confiéis: «Oye… mira, ¿qué opinas sobre esto?»

2 Podéis **leerlo en pareja**, reflexionando sobre preguntas diferentes y contemplando en vuestras conversaciones lo que el amor tiene de bello (pero también a veces de amenazador) y preguntaros «¿en qué momento estamos? ¿qué es lo que todavía no está claro? ¿A qué estamos dispuestos?». Para leerlo en pareja, encontraréis una ayuda especial: acercad vuestros móviles al código QR de la derecha y accederéis a los «flashes». Se trata de pequeñas sorpresas digitales repartidas por todo el libro en las que, como complemento a su contenido, encontraréis una breve historia o una pequeña tarea... Se trata, en cualquier caso, de un estímulo para entrar en conversación. ¡Os sorprenderá!

3 Podéis **leerlo en grupo**... ¿Que no tenéis ninguno? Entonces cread uno. Seguro que conocéis parejas que están en la misma situación que vosotros. Invitadlas. Cocinad algo. Y luego tratad alguna pregunta e intercambiad vuestras opiniones al respecto. Seguro que en vuestra parroquia os ayudarán si formáis un grupo más grande. O también podéis invitar a un sacerdote o a una pareja católica con experiencia.

¿Qué es lo que queremos? ¡Que disfrutéis del amor! Nosotros hemos disfrutado mucho durante estos años, trabajando con todo el amor en este libro que ahora tenéis en vuestras manos.

PÁGINAS 18–43

Descubrir la **riqueza del amor**

1

Qué es
el amor y
cómo
podemos
comprenderlo

DIOS

mar y ser amado. Es eso lo que hace que la vida merezca la pena. ¿Qué otra cosa buscamos sino el amor? La joven que capta la mirada fugaz de un joven atractivo se pregunta si ahí podría estar «el amor». A él se le acelera la respiración, porque «el amor» está en el aire: ¡el sentimiento más hermoso del mundo!

La única religión que se edifica en torno a la palabra «amor» es el cristianismo. Solo aquí se encuentra la frase: «Dios es amor» (1 Jn 4,8). Solo en el cristianismo se dice: «Quien permanece en el amor permanece en Dios y Dios en él» (1 Jn 4,16). Solo en él se compara incluso el amor de Dios por nosotros, los seres humanos, con el amor entre un hombre y una mujer (cf. Cant; Ef. 5,25.31.32).

Pero seamos sinceros: el amor puede fracasar. También entre cristianos. El amor puede convertirse en odio; la confianza incondicional puede acabar en abuso. Este libro está pensado para que el gran amor no siga siendo un sueño de películas románticas. Jóvenes de 30 países de todo el mundo han colaborado en él. Han formulado sus preguntas sobre el amor y las han dirigido a la Iglesia. Algunas son preguntas

ES

Aprender a amar a alguien no es algo que se improvisa ni puede ser el objetivo de un breve curso previo a la celebración del matrimonio. En realidad, cada persona se prepara para el matrimonio desde su nacimiento. Todo lo que su familia le aportó debería permitirle aprender de la propia historia y capacitarle para un compromiso pleno y definitivo.

PAPA FRANCISCO, AL 208

incómodas, porque vivimos en una época y en circunstancias en las que el sexo desempeña un papel predominante y el amor lo tiene difícil.

El primer capítulo aborda preguntas fundamentales: ¿Qué es el amor? ¿Qué papel desempeñan los sentimientos en él? ¿Por qué son tan diferentes los hombres y las mujeres? ¿En qué se diferencian la amistad y el amor? ¿Por qué Dios nos ha hecho de modo que nos necesitemos unos a otros? ¿Qué pasa con el placer? ¿Cómo puedes entregarte sin echarte a perder?

La Iglesia no elude estas preguntas. No en vano, los papas Juan Pablo II, Benedicto XVI y Francisco han hecho reflexiones nuevas y muy interesantes sobre el amor. Lo que han dicho al respecto es el hilo conductor de este libro. Está pensado para que una pareja joven que se ha encontrado en el amor aproveche todo el potencial de su vida en común. También es una invitación para ambos a hacer lo mejor que pueden hacer: casarse. Pero no de cualquier manera, en secreto y metidos en un bosque, sino públicamente, en presencia de amigos y familiares, con una gran fiesta inolvidable en la iglesia, con música, baile y un delicioso banquete.

¿Por qué tengo este anhelo?

Es evidente que Dios nos ha creado para amar. Un anhelo insaciable forma parte de nuestro ADN como seres humanos. Psicológica, emocional y biológicamente, no podemos vivir solos. Esa sed irreprimible de amor se empeña en sacarnos de la soledad. Toda forma de amor humano es ya un anticipo de la unión con Dios. Comienza en la tierra y ya nunca termina en el Cielo.

All you need is love.

Título de una canción de Los **BEATLES**

El amor nos embellece, nos purifica, nos sacraliza, es la razón de nuestra existencia y solo él puede darle sentido a nuestra vida.

MAURICIO Y JINA, España

Imagina un cohete. Sin combustible, no volaría al espacio. El anhelo de amar es como el combustible de un cohete. Sin esa necesidad, nunca se nos ocurriría darlo todo por el otro, regalarle todo y recibir todo de él. El cohete que encendemos con nuestro amor nos lleva más allá de todas las limitaciones humanas. Y está bien que así sea, porque el deseo que sentimos por el amor, el placer, la seguridad y la paz es tan grande que nadie, ni siquiera el mejor marido o la mejor esposa, podría satisfacerlo por completo. «Inquieto está nuestro corazón», dice san Agustín, «hasta que descansa en Ti».

El amor surge sin más, ¿qué es lo que hay que aprender?

Enamorarse, volverse loco por alguien y tener sentimientos intensos por otra persona: todo ello es algo que simplemente sucede. Los sentimientos son importantes. Pero el amor es algo más. El amor dice: «¡Te quiero! ¡Solo a ti! ¡Para siempre! En las buenas y en las malas». El amor, y esto es algo que hay que aprender, requiere la decisión activa de recorrer juntos un camino que excluye otros. En este, podréis aceptaros cada vez más, con vuestros aspectos positivos y negativos; os sorprenderéis de cómo es el otro, aprenderéis mutuamente, creceréis juntos...

Cuando se trata del amor de vuestra vida, deberíais evitar ver las cosas de color de rosa. En vuestra convivencia también os encontraréis con crisis, dudas, baches en la relación, locuras y pruebas de fuego. Detrás del príncipe azul y de la mujer de vuestros sueños se esconde un ser humano con sus defectos y sus virtudes, pero que, sin embargo, puede ser el regalo más hermoso que Dios tiene para ti. Tras esos errores y defectos descubrirás entonces la luminosidad del amor de Dios.

B 1 Cor 13 **Y** 402 **AL** 208 **DC** 3-6

¿No es el amor algo muy efímero? ¿Algo que viene y va y nos lleva de unos a otros?

En las películas y las series, el amor suele aparecer como una sucesión de relaciones más o menos fugaces. En realidad, los seres humanos se dejan seducir fácilmente y son débiles, pero no están programados para cambiar. Anhelan la fiabilidad, la fidelidad y la seguridad y, con la ayuda de Dios, son capaces de convertirse en «una sola carne» (Gén 2,24) y de seguir siéndolo durante toda la vida para beneficio propio y de sus hijos.

Hoy en día hay muchos biólogos, psicólogos y asesores de pareja que dan razones «científicas» de por qué el ser humano no puede ser fiel. Más les valdría explicar por qué hay tantas parejas que celebran sus bodas de plata, de oro o incluso de diamante. Harían mejor en analizar el milagro del amor; de que las parejas permanezcan juntas toda una vida incluso en las circunstancias más adversas. Hoy en día, las personas viven más tiempo, comparten más años juntas. Es cierto que las mujeres y los hombres quieren desarrollarse profesionalmente, etc. Sin embargo, tienen razón los jóvenes que, en gran número, todavía creen en el ideal del amor para toda la vida. Pero también deben saber esos jóvenes que no se puede construir el amor solo sobre sentimientos. Se necesita ser fiel, y ser fiel también en el sexo. El amor solo puede salir bien cuando se da dentro de una cultura del amor. Es una decisión irrevocable. De no ser así, no es amor.

> La fidelidad o es absoluta en algún momento o no es nada.
> **KARL JASPERS** (1883–1969), filósofo alemán

FLASH 1 LIGHT

> **¿Es amor hacer lo que el otro quiere?**

Por supuesto, hay momentos en los que tengo que hacer algo que no me gusta (como ir a tirar la basura), pero ambos lo hacemos por amor y por nuestro bienestar..

BENEDICT Y ELIZABETH,
Reino Unido

Amar significa hacer lo que corresponde al amor. El amor conyugal es ante todo recíproco y significa siempre respetar al otro en su dignidad. «Sed sumisos unos a otros en el temor de Cristo» (Ef 5,21). Lo cual no significa ni mucho menos que tengamos que sucumbir a la dictadura del otro.

El amor se alimenta de la constante concesión mutua de ambos miembros de la pareja, de la profunda confianza en que cada cual quiere lo mejor para el otro y en que uno es tan importante para el otro como lo es para sí mismo. «Así deben también los maridos amar a sus mujeres, como cuerpos suyos que son. Amar a su mujer es amarse a sí mismo» (Ef 5,28). En el amor no debe haber poder. Si uno siempre hace lo que quiere, el otro acabará sintiéndose como un felpudo o un esclavo, mirándole desde abajo como a un señor. También en el amor hay que saber decir a veces «no».

B

No hay temor en el amor.

1 Jn 4,18

B 1 Jn 4,18; Ef 5,28
AL 92, 115, 156

¿Existe acaso eso del amor desinteresado, o detrás de todo amor se esconde un resto de egoísmo?

Claro que nos alegra regalar algo a otra persona y ver su sonrisa. La mayoría de las veces, nuestra motivación para hacer el bien es una mezcla de las dos. Pero, por supuesto, también hay momentos en los que el amor desinteresado fluye de nosotros, momentos en los que nos preocupamos principalmente por los demás. Estos momentos no solo se dan en Jesús o en sus seguidores más incondicionales, como la Madre Teresa o Maximiliano Kolbe, sino también, ojalá, en todas las historias de amor.

La santa **MADRE TERESA** (1910-1997) religiosa albanesa y premio Nobel, conocida por sacar en Calcuta a los moribundos de la miseria y cuidarlos con abnegación.

En realidad, todo niño debería experimentar con su madre que existe el amor desinteresado. Y todas las madres y todos los padres deberían pensar al ver a sus hijos: «Daría cualquier cosa por que este ser tan adorable siguiera viviendo y le fuera bien». Observad vuestro comportamiento en el día a día: vosotros también queréis en el fondo que a los demás les vaya bien. Y es que Dios nos ha hecho para disfrutar enormemente de ello.

San **MAXIMILIANO KOLBE** (1894-1941) fue un franciscano polaco, arrestado en 1941 y llevado a Auschwitz. Cuando vio que iban a matar a un joven padre de familia, se ofreció voluntario para ir en su lugar al calabozo del hambre y allí perdió la vida.

Es necesario promover el encuentro con la ternura de Dios, que valora y ama la historia de cada persona. No se trata de dar respuestas apresuradas a preguntas desafiantes, sino más bien de acercarnos a las personas, escucharlas, intentar comprender con ellas cómo afrontar las dificultades, estar dispuestos también a abrirnos, cuando sea necesario, a nuevos criterios de evaluación y diferentes maneras de actuar, porque cada generación es diferente y presenta sus propios desafíos, sueños e interrogantes.

PAPA LEÓN XIV, Mensaje a los participantes en el seminario «Evangelizar con las familias de hoy y mañana»

FLASH 2 LIGHT

Para poder dar amor debemos haber estado sumergidos en un mar de amor durante nuestra

¿Por qué hay personas a las que el «amor» las deja frías?

infancia. Pero quizá seamos hijos de padres que no pudieron inundarnos con su amor. Si alguien se considera «frío» y sufre por ello no debería culparse, y menos aún si eso se debe a heridas de la infancia. Debe dejar que otras personas le regalen calor, exponer su corazón al sol de Dios y luego intentar continuamente regalar ese «sol», aunque al principio no sienta nada o sea poco lo que siente. Así se irá fundiendo desde fuera la coraza que quizá no podamos romper desde dentro.

,, Sonríe... y el mundo te devolverá la sonrisa.
LUC SERAFIN (*1953), autor alemán

Hay personas que nunca han conocido el amor, que nunca lo han sentido y que, por eso, no creen en él. Quizás hayan sufrido algún trauma o hayan sido rechazadas, utilizadas, defraudadas o incluso maltratadas, por lo que se puede entender su decisión de no volver a abrirse al amor. Para ellas, el amor es un riesgo de exponerse a una nueva herida que podría desbordarlas. Algunas heridas se pueden «superar con el tiempo» o curar con la oración. Pero las heridas que se reabren una y otra vez y obstaculizan la vida deben ser tratadas por un consejero espiritual o por un buen terapeuta.

Si uno se mantiene alejado del amor, no sufrirá ningún daño: nunca le romperán el corazón. Pero jamás experimentará su belleza.
LEONORA, Portugal

La Biblia habla solo del hombre y de la mujer, ¿puedo determinar yo mismo mi sexo?

No solo la Biblia, también la biología únicamente reconoce dos sexos. Cada célula del cuerpo de la mujer contiene (además de 44 cromosomas iguales en ambos sexos) dos cromosomas X. Las células del cuerpo del hombre contienen un cromosoma X y un cromosoma Y. Por lo tanto, el sexo no es una característica que se pueda determinar o elegir posteriormente. Por supuesto, en la naturaleza se dan alteraciones, pero eso no es razón suficiente para hablar de más de dos géneros.

Incluso en el caso de alteraciones innatas o trastornos del desarrollo de la sexualidad («disorders of sex development», síndrome DSD o intersexualidad), no se puede encontrar ninguna otra forma de células germinales aparte de estas dos. Por lo tanto, no existe un «espectro de muchos sexos diferentes», sino solo una dualidad masculino-femenino, dentro de la cual existen alteraciones que, sin embargo, no se dan más allá de esa dualidad sexual. El hecho de que las personas no puedan identificarse psíquicamente con su cuerpo biológico en determinados momentos o en general (disforia de género) no significa que estén atrapadas en un «cuerpo equivocado» (transgénero) ni que necesiten una «reconversión» de género (transexualidad). Puede deberse a que los jóvenes no soportan la presión social de tener que corresponder a un ideal social «masculino» y «femenino» que les es ajeno («¡Entonces mejor ser hombre/mujer!»). También puede deberse a una combinación de trastornos del desarrollo,

depresión, otras necesidades emocionales o a consecuencias del abuso sexual. Esto debe ser dilucidado por un médico. Desde el punto de vista pastoral, se puede ayudar a las personas a aceptarse a sí mismas como individuos únicos amados por Dios, con el cuerpo que Dios les ha dado y con sus peculiares capacidades espirituales y mentales.

B Gén 1,27 **CCE** 369–372 **Y** 64 **AL** 9, 56

¿Qué hace que un hombre sea un hombre? ¿Y qué hace que una mujer sea una mujer?

Ni la ropa ni la asignación tradicional de roles hace que los hombres sean hombres y las mujeres sean mujeres. Hay hombres maravillosos con rasgos femeninos y mujeres maravillosas con rasgos masculinos. Sin embargo, solo los hijos podrán llegar a ser padres y solo las hijas podrán llegar a ser madres. En lo más profundo de nuestro cuerpo y nuestra biología hay algo inscrito que nos ayuda a vivir y amar, a recibir y dar. A menudo decimos más tarde: «Ella tuvo una madre maravillosa» o «Él, por desgracia, no tuvo el padre adecuado…». En el amor recíproco entre un hombre y una mujer, ambos pueden desarrollarse como mejor convenga para ellos y para la felicidad de sus hijos.

Puedo sentirme con razón orgulloso de ser un verdadero hombre y una verdadera mujer, y de que precisamente por eso el otro sexo me tenga en consideración, me desee y me ame, porque con ello se manifiesta en mí algo que Dios me ha concedido para que yo lo emplee creativamente al amar. A menudo, las mujeres son mejores en la comunicación o la empatía. Cuando nace un bebé, hacen todo lo posible por implicarse emocionalmente en ese ser que ni siquiera sabe hablar todavía. El hombre, sin embargo, lo ve, se siente feliz y le encanta proteger y procurar cuanto requiera esa entrañable comunidad formada por la madre y el niño.

¡Cuántas mujeres han sido y siguen siendo juzgadas más por su aspecto físico que por sus conocimientos, su rendimiento profesional, los frutos de su inteligencia, la riqueza de su sensibilidad y, en definitiva, la dignidad propia de su ser y su esencia!

PAPA SAN JUAN PABLO II (1920-2005), primer papa polaco

B Gén 1,27–28 **CCE** 2332–2333 **Y** 400 **AL** 1, 9–13, 56, 285, 286

¿Cuál es la imagen cristiana del hombre y de la mujer?

Los cristianos entienden lo que son el hombre y la mujer a partir del amor. «Dios es amor» (1 Jn 4,8). ¿Cómo es el amor? Nunca se encierra en sí mismo; es rico, generoso, desprendido. Cuando decimos que Dios creó el mundo porque lo amaba, eso significa entonces que proviene del amor desbordante de Dios. El hombre y la mujer son la pareja perfecta para que el amor celestial de Dios siga fluyendo sobre la tierra. Aun cuando no sean tan buenos en el amor como Dios, los matrimonios que mantienen su promesa durante toda la vida evidencian el amor de Dios. Tienen hijos y, así, pasan a ser incluso creadores. Transmitir la sobreabundancia de Dios: es eso lo que significa amar.

El hombre y la mujer tienen exactamente la misma dignidad; son diferentes, pero están creados con genial exactitud el uno para el otro. Las diferencias los atraen. Cuando el hombre y la mujer están juntos en el amor y se entregan el uno al otro, hacen realidad un pedacito de cielo en la tierra. Dios ha ensalzado el amor entre el hombre y la mujer incluso con un sacramento específico, convirtiéndolo así en un signo sagrado y en un lugar en el que el mundo roto vuelve a restituirse. En principio, todo ser humano, ya sea hombre, mujer, casado o soltero, está llamado a reflejar el amor de Dios.

B Dijo Dios: «Hagamos al hombre a nuestra imagen y semejanza» [...] Vio Dios todo lo que había hecho, y era muy bueno.

Gén 1,26.31

B Gén 1–2; Sal 139 **CCE** 371, 2334 **Y** 64 **AL** 10, 11

¿Desprecia a las mujeres la representación que hace la Biblia del hombre y de la mujer?

Algunos pasajes de la Biblia dan esta impresión. Sin duda, la Biblia surgió en una cultura en la que las mujeres estaban subordinadas a los hombres. Hoy en día, vemos esto con ojos críticos, y con razón. Por otro lado, la Biblia debe leerse en su totalidad y de acuerdo con las enseñanzas de la Iglesia, cuya tarea es preservar e interpretar la palabra de Dios. Ya en la primera página de la Biblia se produce una disrupción cultural. Allí leemos que las mujeres, al igual que los hombres, son «imágenes de Dios», por lo que en realidad no deberían existir actos misóginos. Sin embargo, al igual que en casi todas las demás culturas que rodeaban a Israel, las mujeres eran tratadas como seres humanos de segunda clase. Pero Jesús trató a las mujeres de una manera innovadora: con respeto, reverencia, amor y con una amistad de igual a igual. De Jesús debemos seguir aprendiendo hoy.

El menosprecio hacia las mujeres es un problema ancestral de la humanidad. En el Antiguo Testamento, la opresión de la mujer por parte del hombre se describe como consecuencia del pecado original (Gén 3,16). Jesús condenó todas las actitudes y leyes que menoscaban la dignidad de la mujer (cf. Mt 19,3-12). Por primera vez en toda la historia de la religión, la mujer está al mismo nivel que el hombre en el matrimonio. En la concepción del matrimonio de Jesús, la mujer queda preservada de la sumisión al hombre. En la carta a los Efesios, se exhorta a hombres y mujeres a abandonar los juegos de poder y a someterse a Dios en el encuentro con el cónyuge: «Sed sumisos unos a otros en el temor de Cristo» (Ef 5,21). Sin embargo, cuando se habla de que la mujer debe someterse a su marido «como al Señor», a menudo se pasa por alto que los hombres deben amar a sus mujeres «como cuerpos suyos que son». (Ef 5,28). Juan Pablo II dice expresamente en *Mulieris dignitatem* (10, 24) que no hay que pensar aquí en una jerarquía entre el varón y la mujer.

El amor excluye cualquier tipo de sumisión en la que la mujer pudiera convertirse en sierva o esclava del hombre, es decir, en objeto de una dependencia unilateral. El amor implica que el hombre también está al mismo tiempo subordinado a su mujer y, con ello, al Señor mismo, igual que lo está la mujer respecto del hombre.

PAPA SAN JUAN PABLO II

B Gén 1,27 **CCE** 371, 2334 **Y** 64 **AL** 10, 11 **FC** 11

¿Funcionan de manera distinta hombres y mujeres en la sexualidad? ¿Y por qué?

Sí. En general, se puede observar que los hombres están más directamente orientados hacia el placer de la experiencia sexual, mientras que las mujeres desean que el contacto sexual esté imbuido de tiempo, ternura y una aceptación completa del ser humano. Es importante que las parejas no se limiten a «hacer el amor» para buscar la satisfacción de su propio placer. En el dar y recibir, en el conceder y asumir, el hombre y la mujer pueden olvidarse de sí mismos para fundirse física y emocionalmente, para ser dos cuerpos, pero, durante un momento maravilloso, un solo corazón y una sola alma.

El hombre y la mujer han sido creados por Dios el uno para el otro, también en lo que respecta a su sexualidad. Cada persona la experimenta de forma individual. Ambos sexos buscan satisfacer una profunda necesidad emocional y el placer de estar con el otro y disfrutar del otro. El hombre busca esto más bien en una experiencia sexual puntual, en la que se siente deseado y reafirmado por su mujer. Su deseo físico se excita rápidamente y también se satisface rápidamente. Los hombres experimentan la sexualidad principalmente de forma física; son especialmente receptivos a los estímulos visuales. Para la mujer, la base de una sexualidad satisfactoria y de su entrega es más bien la cercanía emocional y la confianza con su pareja. Ella experimenta su sexualidad de forma integral y completa, tanto a nivel emocional como físico. El placer satisfactorio de la sexualidad solo puede desarrollarse en un espacio de confianza en el que ella pueda dejarse llevar. Tanto para los hombres como para las mujeres es importante comprometerse en un proceso de mutuo aprendizaje de la ternura.

> **¿El sexo es lo mismo que el amor? ¿Se puede «hacer el amor»?**

El sexo debería ser una expresión de amor, pero lamentablemente a menudo no lo es. El amor, por el contrario, es más que sexo y no siempre tiene que ver con el sexo. A veces, renunciar al sexo puede ser incluso una mayor muestra de amor que la satisfacción inmediata de los deseos instintivos. El sexo debería ser la culminación de una historia de amor que ambos desean que nunca termine, y no un acto trivial que se puede dar en muchas ocasiones y entre cuerpos intercambiables.

El papa Francisco dijo que la sexualidad es un lenguaje interpersonal (AL 151). Este lenguaje corporal es la expresión más íntima del amor entre un hombre y una mujer. Pero si no siempre es el amor lo que lleva a dos personas a la cama, ¿qué puede ser entonces? Sin duda, una especie de mentira, una mentira del cuerpo, una entrega con reservas, una ternura que no significa lo que parece querer decir cuando acaricia y mima. «Hacer el amor» (expresión estúpida donde las haya) puede ser algo puramente físico, donde no se llega a ser realmente uno, sino que cada uno busca satisfacer sus propios deseos. El lenguaje corporal y el lenguaje del corazón entran entonces en contradicción. Si alguien te desea de manera erótica, eso no significa necesariamente que esté dispuesto a entregarse por completo a ti, con todas las consecuencias. Así es como surgen heridas profundas que a veces son para toda la vida en el ámbito del amor.

Tener sexo solo por instinto, y luego esperar que de alguna manera surja el amor, es como subirse a un coche sin frenos. En dos de cada tres casos, acabaré estrellándome contra un muro.
DERICK, India

B Col 3,5–12 **CCE** 2361 **Y** 403 **AL** 151 **DC** 5

¿Por qué se entromete la Iglesia en nuestra sexualidad?

No hay ningún ámbito en el que Dios no tenga nada que decirte: así que con más razón lo tendrá en algo que te atañe tanto como la sexualidad. «Dios es amor» (1 Jn 4,8). A lo largo de milenios, la Iglesia ha estado descifrando cómo Dios concibió el amor, y no siempre lo ha hecho igual de bien. En algunas épocas se han infiltrado en la Iglesia incluso corrientes hostiles hacia el cuerpo. Hoy en día, la Iglesia subraya, sin embargo, que también el amor físico es un camino por el que las personas pueden alcanzar la felicidad plena, es decir, del cuerpo y del alma. La Iglesia no ha de callar nunca lo que le ha sido trasmitido sobre el amor verdadero en la Palabra de Dios.

El propio Jesús se comparó con un pastor que lleva a sus ovejas a buenas praderas. A Pedro le encomendó que continuara con esta tarea. Esto sigue siendo válido hoy en día para el papa y los obispos y, más aún, para los verdaderos expertos: los matrimonios cristianos que hablan de su vocación. La Iglesia pecaría si no ayudara a los jóvenes cristianos a encontrar un camino a través de la jungla de sus sentimientos y los dejara solos en un mundo de adicciones, promesas incumplidas, nonatos de vida truncada y abusos, los cuales lamentablemente también son una realidad en la Iglesia. Pero más importante aún es que la Iglesia enseñe el amor al cuerpo e invite a los cristianos a dar gracias por el fantástico regalo que supone el amor erótico.

De ninguna manera podemos entender la dimensión erótica del amor como un mal permitido o como un peso a tolerar por el bien de la familia, sino como don de Dios que embellece el encuentro de los esposos. Siendo una pasión sublimada por un amor que admira la dignidad del otro, llega a ser una «plena y limpísima afirmación amorosa», que nos muestra de qué maravillas es capaz el corazón humano y así, por un momento, «se siente que la existencia humana ha sido un éxito».

PAPA FRANCISCO, AL 152

¿Por qué no puedo sencillamente tener sexo con quien quiera? Desde la llamada «revolución sexual», existe una campaña de desamor: ¡puedes separar el sexo del amor! ¿Qué resulta de ello? El sexo como un acuerdo entre personas afines, el sexo como un negocio, el sexo como un servicio, el sexo por compasión, el sexo como un pasatiempo, el sexo como terapia, el sexo como un juego, el sexo como un derecho. ¡Todo esto es un error! El sexo y el amor van juntos como el cuerpo y el alma. El sexo sin amor no solo es un sinsentido, sino también un pecado.

Lo que hacemos con nuestro cuerpo es una expresión de lo que hay en nuestro interior. Si me gustas o no, lo expreso con mi cuerpo. Te digo algo agradable o te ofendo, te regalo una flor o ni siquiera te miro. Por eso, el sexo también tiene un significado que va más allá de lo puramente físico. Del mismo modo que a un desconocido le doy la mano, pero no le abrazo, es bueno tener relaciones sexuales exclusivamente con la persona con la que tengo una conexión profunda, más aún, definitiva.

Será difícil que una persona que no se puede decidir a amar para siempre se decida a amar siquiera por un día.
PAPA SAN JUAN PABLO II

B Mt 5,28; 1 Cor 6,15–18 **CCE** 2390 **Y** 407 **AL** 53, 153 **DC** 5 **HV** 12

¿Dios tiene algo en contra del sexo?

Dios no tiene nada en contra del sexo. Él lo inventó. El placer que siente uno por el otro a Dios le parece muy bien. Él hizo al hombre y a la mujer para que se tuvieran, para la vida y el amor, y también para el apasionado placer del sexo. Pero, quien utiliza al otro porque busca una emoción rápida, lo usa como un medio para alcanzar un fin. De este modo se conforma con **Fast Food**, cuando Dios lo ha invitado a un restaurante de cinco estrellas.

Dios creó el sexo, por lo que es algo totalmente natural. Pero Dios no quiere que hagamos un mal uso de nuestra libertad sexual. Y tampoco quiere que el impulso sexual nos lleve a ser esclavos del pecado.
JOHNPAUL, Nigeria

La importancia que Dios le concede al sexo la puedes apreciar en estos dos aspectos:

1. El sexo une a dos personas en cuerpo y alma más profundamente de lo que quizás penséis. Tras veinte segundos de ternura, vuestro cuerpo creerá que estáis unidos para siempre y liberará hormonas del amor. Y eso es algo que vuestra alma recordará.

2. Ningún otro encuentro puede dar lugar a algo tan valioso como un pequeño ser humano.

> Todo lo que hace *fácil* el encuentro sexual también lo lleva a retroceder al punto de partida con respecto a su sentido y su valor.
> **PAUL RICŒUR** (1913–2005), filósofo francés

¿Por qué el sexo tiene dos caras, una hermosa y una fea?

Porque el sexo nunca es neutral. Somos seres humanos y podemos elegir entre el amor y el egoísmo. Desde la expresión del amor puro hasta el peor abuso, pasando por un «negocio» consensuado, allí todo es posible.

Tienes grandes expectativas sobre el sexo. ¡Y con razón! Sin embargo, puede que te sientas vacío, avergonzado o incluso herido. Todo depende de si entiendes lo que significa acostarse con otra persona. Tu cabeza te dice: queremos disfrutar del momento juntos o solo queremos divertirnos un poco. Pero tu cuerpo hace algo completamente diferente: después de solo 20 segundos, libera todo un cóctel de hormonas del amor. El sexo no es un juego, sino la unión humana más profunda que existe. Además, puede dar lugar al nacimiento de un hijo. El sexo y el amor comprometido son inseparables si quieres que sea bonito.

El sexo, lo quieras o no, siempre acaba creando un vínculo con la otra persona.

LETICIA, Suiza

En esta época se vuelve muy riesgoso que la sexualidad también sea poseída por el espíritu venenoso del «usa y tira». El cuerpo del otro es con frecuencia manipulado, como una cosa que se retiene mientras brinda satisfacción y se desprecia cuando pierde atractivo.

PAPA FRANCISCO, AL 153

¿Tiene el sexo también una dimensión espiritual?

El sexo puede ser espiritual o no. El encuentro sexual, en el que nos entregamos al otro con el cuerpo, el alma y el espíritu, hasta el punto de olvidarnos de nosotros mismos, puede darnos atisbos de lo que es Dios. Cuando nos dejamos llevar por la excitación, cuando todo parece encajar y los límites se difuminan, se nos concede una intuición de las últimas profundidades de la realidad: de Dios, que es fuego vivo desde la eternidad y hasta la eternidad, amor sin límites y absoluta entrega.

«¿El sexo es sucio? Solo si se hace bien». No solo Woody Allen piensa así, sino que muchos también lo piensan. Creen que el verdadero placer del sexo reside en sobreponerse a la vergüenza, en tener aventuras amorosas, en traspasar los límites, en las humillaciones y en la exploración egoísta de los abismos sensuales. Quien quiere que el sexo sea sucio, se ensuciará a sí mismo y a los demás, y nunca alcanzará la dimensión espiritual de la unión sexual. ¿El sexo es espiritual? Solo si se hace bien.

El sexo en el matrimonio es una experiencia física, pero también una experiencia extracorporal: es entrar en contacto con Dios, entrar en contacto con el amor mismo.

GREGORY, Malasia

sexo
sucio
bien
hecho

B Ef 5 **CCE** 1604 **AL** 10, 11, 121, 142 **DC** 5

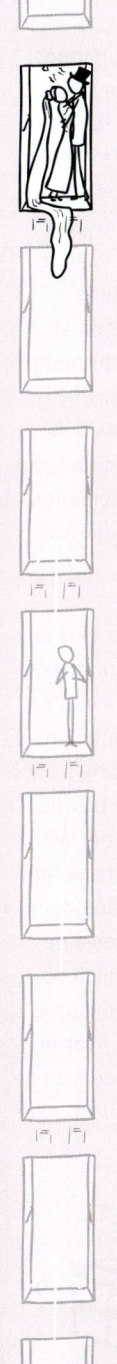

sexo limpio bien hecho

¿Es necesario el amor para casarse?

Hay mil razones para casarse, pero solo hay que tener en cuenta una: el amor. Sin un amor profundo y sincero, nadie debe casarse, por muy tentador que pueda parecer comenzar una vida en común. El amor no es un lujo ni un extra secundario; el amor es la razón, el sentido y el objetivo del matrimonio.

A nadie se le ocurriría afirmar que el agua es un lujo. El ser humano necesita agua para vivir. Del mismo modo, el amor tampoco es un lujo; sin él, las personas no pueden desarrollarse plenamente. Un matrimonio sin amor es como tierra sin agua: nada puede crecer adecuadamente. Y, sin embargo, algunos se casan para estar seguros económicamente o porque ya no les apetece estar solos, otros se casan porque el reloj biológico les apremia, otros porque las familias han llegado a un buen acuerdo, porque les reporta ventajas materiales, porque quieren casarse con «un buen partido» o porque están orgullosos de una conquista que quieren exhibir... No es cuestión de que os asustéis, sino de que seáis más reflexivos. «Mire quien votos perdurables hace si con su corazón cuadra el que elige» (Friedrich Schiller).

B 1 Cor 13,1–7 **CCE** 1643 **AL** 131–132

ESPECIAL

Aun joven sacerdote polaco, que realizaba excursiones en canoa con sus alumnos en verano y pasaba largas tardes hablando con ellos sobre el amor, le debemos la «teología del cuerpo». Karol Wojtyla, así se llamaba el joven sacerdote, era un filósofo de gran talento. Nadie sospechaba que este hombre, que reflexionaba tan profundamente con los jóvenes sobre lo que Dios realmente se proponía cuando creó al ser humano a su imagen, como hombre y mujer y con un infinito anhelo de amor, se convertiría en 1978 en el papa Juan Pablo II. Las ideas que tomaron forma por primera vez en hogueras junto al río Krutynia, fueron finalmente plasmadas por san Juan Pablo II en 129 catequesis y más de 800 páginas. Nunca un papa había escrito tanto sobre un solo tema. Tampoco ha habido fuera de la Iglesia, probablemente, pensador alguno que haya escrito de forma tan sistemática sobre la sexualidad como él.

Todo comienza con el amor. La esencia más íntima de Dios es entregarse por amor. Por eso, el hombre y la mujer también están llamados a convertirse en un regalo el uno para el otro. El sentido del cuerpo y de la sexualidad no es, por tanto, en primer lugar, el placer o la procreación, sino el **«darse»**. Debes unirte completamente a tu marido/mujer, al amor de tu vida. La entrega está, por así decirlo, inscrita en el cuerpo del ser humano. Quien aprende a ser un regalo para el otro, hace feliz y es feliz. Cuando el hombre y la mujer se aman de verdad, se convierten en un signo del amor, la fidelidad y la entrega de Dios. En su unión sexual traducen este amor de Dios incluso al lenguaje de su carne. Juan Pablo II reflexionó mucho sobre el hecho de que Dios, que es todo espíritu, se hiciera «carne», Jesucristo, un verdadero ser humano. Esto significa que hizo de nuestra carne algo divino, un medio infinitamente valioso para el amor.

Teología...

El título Teología del cuerpo quiere dejar claro que nuestro cuerpo es incluso capaz de decir algo sobre

...del amor

Dios: «El cuerpo, y solo él, puede hacer visible lo invisible: lo espiritual y lo divino. Fue creado para transmitir el misterio oculto desde la eternidad en Dios a la realidad visible del mundo y ser así signo de este misterio». La teología del cuerpo medita sobre cómo Dios quiere hacernos felices con nuestra piel y nuestro cabello, con nuestra cabeza y nuestro corazón, con nuestro cuerpo y nuestra alma, en el cielo y en la tierra.

> **¿Puede Dios exigir de los sacerdotes y religiosos una vida sin amor?**

No. Dios no impone a nadie una vida sin amor o al margen del amor. Cuando un hombre o una mujer tienen una vocación de Dios, es el amor el que los llama. La respuesta a esa llamada solo puede ser el amor y la vida de tal persona solo puede ser una historia de amor. Renunciar voluntariamente al matrimonio, a la familia y al sexo es un enorme indicador de la preeminencia que se le otorga a Dios, el cual merece que se le dé todo. Es, asimismo, una señal importante para todos aquellos que anhelan tener a alguien a su lado, pero no encuentran en la tierra la satisfacción de su más profundo anhelo.

¡Un célibe no está soltero! Está comprometido con la Iglesia. Tiene personas a las que debe amar.

CARLOS, España

No es raro que los sacerdotes y religiosos atraviesen fases oscuras con respecto al modo de vida que han elegido voluntariamente: soledad, incomprensión, desprecio de los que están fuera de su círculo. Entonces, el anhelo de cercanía e intimidad con otros puede ser abrumador. Lo que necesitan especialmente en esas fases son buenos amigos que los apoyen, los animen y hagan con ellos cosas de lo más normales, como, por ejemplo, ir a un bar o al cine. Lo que no necesitan es una falsa exaltación e idealización de su vocación. Y mucho menos necesitan el juicio presuntuoso de que nadie puede vivir sin casarse. La vida en común en la fe y el aprecio genuino de todas las formas de entrega son aquí de gran ayuda.

B 1 Mt 19,12 **CCE** 1579, 1599 **Y** 258 **AL** 158–162

¿Para qué necesito a Dios en el amor?

Necesitas a Dios para amar cuando tus fuerzas para ello se han agotado. Necesitas a Dios para amar cuando te hieren y por ti mismo no tienes fuerzas para reconciliarte. Necesitas a Dios para amar cuando las personas de tu entorno te decepcionan. Necesitas a Dios para amar porque un hombre no puede ser tu Dios. Nadie puede asumir ser garante de tu felicidad. Y una mujer bien puede ser encantadora, pero no por ello debes reverenciarla. Ella puede proporcionarte alegrías, pero no te redimirá. Solo Dios es ese amor (1 Jn 4,8) que tan a menudo nos falta y la satisfacción de todos nuestros anhelos de ser amados, felices y redimidos. Si Dios no existiera, no tendrías a quién darle las gracias.

Nadie puede dar lo que no tiene. Si solo tengo 10 dólares, pero mi amigo necesita urgentemente 500, darle 10 no nos sirve de mucho a ninguno de los dos. Él solo recibe mis últimos dólares y yo me quedo sin blanca. Lo mismo ocurre con el amor. Sin acceso al banco de Dios, de donde puedo sacar amor sin fin, pronto me quedaré sin amor.

B El que permanece en mí y yo en él, ese da fruto abundante; porque sin mí no podéis hacer nada.
Jn 15,5

" Oh, Dios bondadoso y todopoderoso: cuidas de cada uno de nosotros como si fuera el único, y de todos como si fueran uno solo.
SAN AGUSTÍN (354–430), Padre de la Iglesia

B Jn 15,5; 1 Jn 4,19 **CCE** 220–221 **Y** 33 **AL** 11 **DC** 1

Ponte

en forma

PÁGINAS 44–85

CAPÍTULO

2

Cómo reconozco
el amor y cómo
respondo a él

Quien considere que la Biblia es un libro aburrido, es porque nunca ha leído el Cantar de los Cantares. Está repleto de tensión erótica. Trata de un hombre y una mujer jóvenes que apenas pueden resistir el deseo que sienten el uno por el otro. Con figuras poéticas el joven describe a la mujer de sus sueños: «¡Qué bella eres, amada mía, qué bella eres!» (Cant 1,15). También la joven está extasiada con su amado: «Su cabeza es oro finísimo; sus rizos, colinas ondulantes, son negros como el cuervo» (Cant 5,11).

Un momento muy importante es cuando el ser humano descubre que, como individuo, en cierta medida no está del todo completo y que le falta la otra mitad que le complementa para estar «entero». Aquí entra en juego lo erótico. Es el combustible que une al hombre y a la mujer. Pero a menudo es también el momento en el que los jóvenes abandonan a Dios y a la Iglesia. O sexo o Dios, piensan, y se imaginan a Dios como algo que no es nada atractivo.

Pero Dios no es así. Muchos cristianos se quedaron realmente impactados cuando el papa Benedicto habló una vez del «eros de Dios». Sí, Dios nos ama apasionadamente,

AMADA MÍA, ¡QUÉ BELLA ERES!...

PALOMAS SON TUS OJOS

CANT 4,1

y está loco por nosotros, de forma no muy diferente a como una joven enamorada se vuelve loca por el hombre de sus sueños. De hecho, Dios sabe muy bien lo que ocurre con el amor. Cuando amamos, nos parecemos a Dios. Él es el arquetipo, nosotros somos la réplica. Solo si lo hacemos así, lo haremos bien. «La forma en que Dios ama», dice el papa Benedicto, «se convierte en la medida del amor humano». La pregunta decisiva es, por tanto: ¿cómo ama Dios? Respondamos brevemente: ama con pasión. Con exclusividad (es decir, amándome expresamente a mí). De forma incondicional. Perdonando mis errores. De forma sostenida, sin fin. ¿Podemos amar así a otra persona? Con la ayuda de Dios, ¡sí!

Este capítulo trata de lo que debemos hacer cuando asoma el gran amor por el horizonte. Digámoslo con el lenguaje poético de la Biblia: actúa «como novio que se pone la corona, o novia que se adorna con sus joyas» (Is 61,10). ¡Haz hueco en tu interior! Deshazte de todo lo que te impide amar. ¡Vence tus miedos a entregarte! Libérate de las falsas dependencias y adicciones. ¡Déjate ver! Cura las heridas de la infancia. Ponte en forma: ¡purifícate para el amor y ponte guapo para la fiesta de todas fiestas!

Trátate a ti mismo como a un amigo. Dedícate tiempo. Vive conscientemente el día a día, especialmente en situaciones límite. Sé consciente de lo que te mueve, de lo que sientes y de cómo tratas a los demás. Sé valiente y muéstrate tal y como eres. Aunque descubras aspectos de ti mismo que no te gusten, acéptalos y no los ignores. Nunca llegarás a conocerte por completo. Solo Dios sabe quién eres realmente. Él no te quiere solo cuando eres perfecto. Las personas que te quieren también te ayudarán a comprenderte. Puedes ser tú mismo; puedes crecer y desarrollarte tal y como eres.

¿Cómo puedo descubrir quién soy realmente?

> Aunque se dice que las personas desconocen sus propias debilidades, quizá sean igualmente pocas las que conocen sus propias fortalezas. Ocurre con los hombres como con los terrenos en los que a veces hay una veta de oro de la que su propietario nada sabe.
>
> **JONATHAN SWIFT** (1667–1745), escritor irlandés

Para ganar confianza en ti mismo, es muy bueno que te mires con los ojos de un amigo: ¿cómo te describiría él? ¿Qué talentos y dones vería en ti? También puedes reflexionar sobre experiencias del pasado y pensar en lo que has aprendido sobre ti mismo. ¿Qué te da la vida? ¿Qué te interesa? ¿Por qué cosas luchas? ¿Qué te ha hecho daño? ¿Cuándo fue la última vez que te reíste de verdad? ¿Con quién te comparas a menudo y por qué? Un diario suele ser de gran ayuda para anotar lo que vayas conociendo de ti y así poder acercarte a los demás con más serenidad y paz interior.

Tal vez en el fondo de tu ser pienses que no eres lo suficientemente guapo, ni lo suficientemente bueno. ¿Has intentado alguna vez ser otra persona? ¿Has querido ganarte alguna vez el cariño de alguien? ¿Has llegado incluso a decirle a Dios: «Conmigo cometiste un error. No soy lo suficientemente bueno. No merezco ser amado»? Todo eso es mentira. En Jesús puedes reconocer lo mucho que Dios te ama. Él lo da todo por ti. Incluso quiere pasar la eternidad contigo.

¿Cómo puedo aprender a aceptarme y a amarme?

A Dios le encanta que te trates con amor, cariño y benevolencia. Dedícate tiempo y a las cosas que te hacen bien. Por ejemplo, una excursión por la naturaleza, una tarde de juegos con amigos, un buen libro, deporte, música, etc. Refuerza tus puntos fuertes, tus habilidades y tus talentos. Pregúntate: ¿qué me gusta hacer? ¿Qué puedo hacer para dar más espacio a esas cosas en mi vida cotidiana? Si solo luchas por eliminar tus debilidades, gastarás mucha energía y, al final, quizá solo te sientas alguien del montón. Empieza por lo positivo. Y pide opinión a tus amigos. Para ellos, nuestros talentos suelen ser mucho más evidentes que para nosotros mismos. Y ten siempre presente que puedes ser tal y como eres. Tan alocado, tan único, tan increíble como solo tú puedes ser.

A veces no nos queremos porque tenemos hábitos que son malos para nosotros y por los que nos juzgamos: holgazaneamos, nos atiborramos de comida basura, fumamos, bebemos alcohol, vemos pornografía…

JUAN DANIEL Y LUCÍA, España

¿Existe un camino correcto para mí?

Cada camino que recorremos con Dios es el camino correcto. Dios nos ha creado para ser libres, no para ser marionetas en su obra de teatro. Él nos regala encuentros y nos ofrece la vida; no estamos atados a un camino concreto hacia el amor y la felicidad. Podemos y debemos tomar nuestras propias decisiones. Incluso si nos desviamos del camino o tomamos atajos, Dios no nos retirará sus simpatías. Él permanece cerca para podernos escuchar si lo llamamos.

Jesús ha venido para que tengamos vida y la tengamos en abundancia (Jn 10,10). Él quiere nuestra felicidad. No nos impone nada, pero notamos su presencia. A veces optas por una decisión determinada y una vocecita en tu interior te impide estar tranquilo y en paz. O bien te mueves en una dirección determinada y te sientes feliz y tranquilo. Escuchar las sutiles señales de Dios es imprescindible, tanto en la vida cotidiana como en la elección de los estudios o la profesión, en la elección de tu futuro cónyuge o con tu vocación espiritual. Hay, sin embargo, también personas que nunca se atreven a dar un paso adelante por miedo a tomar una decisión equivocada. ¡Ponte en marcha y presta atención a las señales!

Conozco a alguien que ya de niño o adolescente rezaba por encontrar una buena esposa. Más tarde se casó conmigo.

MICHAELA, Alemania

B Dt 30,19; Sal 143,10; Jer 29,11; Jn 10,10 **CCE** 302–305 **Y** 49 **CV** 170, 248, 250

Me siento solo en la fe, ¿qué puedo hacer?

Dios es muy importante para ti. Pero los demás no lo entienden y te tienen por un bicho raro. Quizás ni siquiera te entienda la persona a la que amas y con la que deseas compartir tu vida. Vivir la fe en soledad es un verdadero reto. Da igual si tienes que ir solo al principio o si vas ya junto a otros, no dejes nunca de buscar a personas que compartan tu fe: en una parroquia, en un movimiento espiritual o en el entorno de una orden religiosa. Profundizar en vuestra fe junto a otros os será de ayuda también precisamente al prepararos para contraer matrimonio y en vuestro intento de descubrir cómo Dios puede completar vuestro amor.

¿Dónde podéis poneros en contacto con otros? Si no encontráis nada en vuestra parroquia, salid a buscarlo, y no esperéis a que llamen a vuestra puerta. Buscad en Internet. Acudid a encuentros de fe, como la Jornada Mundial de la Juventud. Puede que lo que encontréis os entusiasme o puede también que os deje indiferentes. Si es así, seguid buscando. Y si no conseguís conectar con nadie, vosotros mismos podéis ser fuente de inspiración para otros: elegid un pasaje de la Biblia, una pregunta de este libro o del YOUCAT, invitad a vuestros amigos, preparad juntos algo rico y luego... ¡compartid vuestras experiencias! Si no escondéis vuestra fe, veréis que hay otras personas que también están en busca de Dios. Vuestro valor les animará a adentrarse en el tema. A veces, sin embargo, Dios nos impone una especie de «travesía por el desierto». Más tarde os daréis cuenta de que fue justamente ese el momento en el que vuestra búsqueda de Dios, del amor y de una comunidad ganó mayor fuerza.

Los católicos necesitan una comunidad para fortalecer su fe. Por eso, cada mes quedamos una noche para hacer adoraciones, una misa y alabanzas y después tenemos la oportunidad de conversar un rato en nuestra parroquia. Así, las personas pueden experimentar juntas a Dios. Si te sientes solo, busca grupos de oración locales en Internet o en tu parroquia. O crea uno tú mismo: puede que, sin saberlo, otras personas de tu entorno estén buscando lo mismo que tú. ¡Tu deseo podría ser una llamada de Dios para emprender algo nuevo!.
MIRIAM, Alemania

B Mt 18,20; Jn 1,39; 1 Cor 12,26–27 **CCE** 166 **Y** 24 **CV** 110, 125, 153, 167

¿Un acompañante espiritual? ¿Nunca has oído hablar de ello? Se trata de una ayuda especial que ofrece la Iglesia a todas aquellas personas que desean tener un compañero de camino. Especialmente cuando te encuentras en una fase de reorientación o en busca de amor, puede ser útil contar con una persona de confianza que te ayude, sin limitar tu libertad, a ver tus talentos, tu vida, tus deseos, tu desarrollo y tus decisiones. Para un buen acompañante espiritual, no serás un «caso» más, sino un cristiano que, ante la cariñosa mirada de Dios, camina junto a una persona con experiencia espiritual y humana. Como persona de confianza, te ayudará a reconocer cuál es tu camino y qué quiere Dios de ti.

> ¿Es conveniente que me busque un acompañante espiritual?

Los mentores no deberían llevar a los jóvenes a ser seguidores pasivos, sino más bien a caminar a su lado, dejándoles ser los protagonistas de su propio camino. [...] Un mentor debe simplemente plantar la semilla de la fe en los jóvenes, sin querer ver inmediatamente los frutos del trabajo del Espíritu Santo.

PAPA FRANCISCO
Christus Vivit 246

Tu «acompañante espiritual» puede ser tu confesor, pero no es necesario. Puedes acudir a colaboradores pastorales, religiosos o cualquier cristiano católico con experiencia y preguntarles si pueden ofrecerte acompañamiento espiritual durante cierto tiempo y, todo de forma gratuita, ya que el acompañamiento espiritual nunca debe convertirse en un negocio. En algunos países hay incluso cursos específicos que capacitan para esta labor. Reconocerás al buen acompañante espiritual porque siempre escuchar, es liberador y da ánimos; no te engatusa o presiona, ni te genera dependencia. Interpreta tu vida a la luz del Evangelio, te acompaña más profundamente en tu vocación y despierta tu amor por Dios, el cual sabe bien lo que te conviene.

Necesitamos una visión objetiva que nos ayude a salir del círculo vicioso en el que nos encontramos.

WIS, Indonesia

¿Acaso soy incapaz de tener una relación?

Antes de pensar en relaciones y de preguntarte si eres capaz de tener una, quizá te ayude el simple hecho de recordar que ya estás en una relación que nadie en el mundo puede destruir. Dios te ama; y si te abres a su amor, perderás el miedo que le tienes al amor en general. «No somos un fruto absurdo ni del azar ni de la evolución», dijo una vez el papa Benedicto XVI. «Cada uno de nosotros es fruto de un pensamiento de Dios. Cada uno de nosotros es querido, cada uno es amado, cada uno es necesario».

❞ Para el mundo tú eres solo alguien, pero hay alguien para quien tú eres el mundo

ERICH FRIED (1921–1988), poeta austríaco

El deseo de entregarse confiadamente a otra persona nos insta a trabajar en nosotros mismos. Y es que, si no aceptamos nuestra propia vida, nuestro propio cuerpo, nuestra propia historia, lo único que conseguimos es que a los demás les resulte difícil encontrarnos dignos de su amor. Si acaso te sientes muy herido y necesitas curar esas heridas del alma, ponte bajo la mirada de amor que Dios te ofrece. Él te ayudará a hacer las paces con tu pasado, por cruel que este haya podido ser. Dios te ama como si fueras lo único digno de ser amado en este mundo. Él, que todo lo ha hecho bien, te dará el valor para que puedas aceptar el amor como un regalo. Por tanto, puedes ser tú mismo, abrirte a los demás y prepárate para amar. Si aun así te resulta difícil, busca un terapeuta y deja que un consejero espiritual te ayude a descubrir cómo a partir de Dios se puede poner en práctica el amor.

B Mt 22,39 **AL** 107 **CV** 31, 119, 158 **GE** 175

¿Puedo pedirle a Dios un buen marido / una buena mujer?

Sí, claro. Es incluso un consejo que te soplamos si todavía estás sin pareja. Aunque ya tengas a alguien en mente, puedes preguntarle a Dios en tus oraciones si es la persona adecuada para compartir tu vida. Sin embargo, no es Dios quien decide con quién te vas a casar. Reza para que Dios te abra una puerta y así, en el momento decisivo, puedas reconocer a la persona adecuada y acercarte a ella con libertad y sin prejuicios.

Así que ya puedes rezar para que te cruces con esa persona que consideras adecuada; incluso puedes rezar, aunque todavía ni siquiera la conozcas, para que la cuiden, la protejan y la guíen. Pero concéntrate también en desarrollar tus propias cualidades, en estar ahí para los demás y en crecer como persona. Mantente en contacto con Jesús; él te moldeará, te hará merecedor de su cariño y te preparará para el amor. Así tendrás las condiciones ideales para encontrar a la persona adecuada y tú mismo le resultarás fantástico a esa persona especial que te necesita precisamente a ti.

B Mt 7,7; Lc, 11,10–13 **CCE** 2632 **Y** 486, 296 **CV** 155, 277

¡Tómatelo con calma! ¿O acaso crees que Dios está sentado en el cielo moviéndote como una pieza inerte dentro de su tablero de ajedrez? Un deseo fuerte en una dirección determinada puede ser ya una indicación de Dios. Por otro lado, debes aprender a distinguir si un deseo proviene de Dios o no. Dios está acompañándote con su amor en un camino en el que puedes desarrollarte plenamente y ser feliz.

¿Puedo desear casarme o eso significaría que ya no estoy abierto al plan de Dios?

Dios te guía. En la oración puedes descubrir si es Él quien habla a través de tu deseo: no intentes reprimir tus deseos, porque de este modo no desaparecerán, y lo único que conseguirás es esconderlos ante ti mismo y ante Dios. ¡Comenta con Dios tu inseguridad! Acepta tus deseos, pero no te obsesiones con ellos. Confía en que Dios te dará todo lo que es bueno para ti y lo hará en el momento adecuado: «vuestro Padre sabe lo que os hace falta antes de que lo pidáis» (Mt 6,8). Si sientes que tu deseo coincide con la voluntad de Dios, no tengas miedo de comprometerte con él y de perseverar en ello con paciencia. Si realmente estás en el camino correcto, sentirás paz interior; si no es así, sentirás vacío o inquietud. Por lo tanto, permanece atento a la voz de Dios en tu interior y mantén una disposición a cambiar de camino si el vacío y la inquietud te atormentan cada vez más.

Existe el dicho de que toda olla, por fea que sea, tiene su tapa. A veces hay una tapa perfecta que encaja exactamente en ella, aunque a menudo la tapa queda un poco suelta o tiene una forma algo diferente y, aun así, puede dar lugar a una maravilosa experiencia culinaria.

MYRIAM, Líbano

B Mt 6,8 **CCE** 1878 **AL** 265 **CV** 258–259 **FC** 11

¿Qué ocurre si no estoy seguro de mi identidad sexual?

¿Soy realmente un hombre? ¿Soy realmente una mujer? Ni Dios ni la Iglesia te condenan si la búsqueda de tu identidad se produce entre sentimientos confusos. Es normal que durante la pubertad y en la juventud tengamos sentimientos confusos, que no nos sintamos cómodos con los cambios físicos (disforia de género) o que, en ocasiones, nos sintamos atraídos temporalmente por alguien de nuestro propio sexo (homosexualidad). Tienes que darte tiempo. Pero también es posible que tus inquietudes tengan causas biológicas o psicológicas y que, por eso, no desaparezcan. En ese caso, necesitas ayuda.

Un trastorno biológico del desarrollo sexual (síndrome DSD o intersexualidad) se detecta a veces en la infancia y otras veces en la pubertad. En estos casos, es necesario recurrir a ayuda médica y terapéutica. Sentirse incómodo con el propio sexo (disforia de género) es algo que afecta a muchas niñas biológicamente sanas en la pubertad y, en ocasiones, también a los niños. Debido a que a menudo falta una visión positiva de la feminidad y la maternidad en la sociedad, las niñas perciben sus cambios físicos, especialmente la menstruación, como una carga que puede llevar incluso a pensamientos suicidas. El fenómeno de la «disforia de género» entre las niñas está aumentando de forma exponencial en todo el mundo debido a la influencia de los medios de comunicación. Si una niña cree que en realidad es un niño, los psicólogos de muchos países están obligados por ley a dar su aprobación a esa idea. De este modo, se deja de preguntar por la causa. Se recetan bloqueadores de la pubertad, que se sabe que afectan a la densidad ósea y que causarán problemas de salud más adelante. A continuación, se administran hormonas masculinas cuyo tratamiento ya no deberá suspenderse nunca a lo largo de toda vida. Estas hormonas hacen que la voz se vuelva más grave, provocan el crecimiento de la barba y aumentan el deseo sexual. El siguiente paso es la amputación de pechos totalmente sanos; todos ellos son pasos irreversibles con consecuencias importantes (infertilidad, deterioro permanente de la capacidad de sentir placer sexual). Los estudios demuestran que la disforia de género que se siente en la adolescencia suele dejar de tener importancia en la edad adulta, sobre todo si se identifican las causas reales subyacentes.

¿Cómo puedo salir del círculo interminable en torno a mí mismo?

Cuando alguien cree que todo da vueltas a su alrededor lo que a menudo esconde es el dolor que le causa su propia persona y su falta de orientación, y no un puro egoísmo. Puede ser el miedo a no cumplir con lo que se espera de él, a no ser aceptado, a no ser lo suficientemente querido, a perder su propio mundo en el momento en el que empiece a amar. Un primer paso para salir de este miedo puede consistir en pequeños gestos con los que demuestres que ves al otro y que quieres hacerle feliz. Esto te llevará por el camino de la liberación: «Únicamente el amor comprende el secreto que consiste en dar a los demás para enriquecerse uno mismo» (san Agustín).

Supongamos que Pablo es alguien que piensa primero en sí mismo. Se casa con María, de quien sabe que siempre piensa primero en él y no en sí misma. ¡Vaya! ¡Dos personas que piensan en Pablo! Todo el mundo se da cuenta de que algo no va bien. Cuando una persona con un ego enfermizo se casa con alguien que está atrapado en un falso altruismo, es posible que ninguno de los dos pueda desarrollarse plenamente. El amor es dar y tomar, recibir y regalar, un juego en el que ambos miembros de la pareja abandonan sus esquemas propios y maduran, se liberan y se enriquecen gracias al otro.

Puedes empezar con pequeñas cosas, como escuchar a alguien de tu familia que no se encuentra bien o pasar tiempo con una persona que está enferma. No tienes que esperar hasta ser perfecto… Cambiarás, sin embargo, y te volverás más humano, si de vez en cuando dejas de pensar en ti mismo y de plantearte la cuestión «¿qué gano yo con eso?».

MARTHA, India

Imagina que aprietas el puño con fuerza y te lo guardas todo para ti: por supuesto, tendrás el control y la seguridad. Pero si abres la mano, surgirá más libertad y más amplitud: podrás recibir y llevar a cabo más cosas.

STEFANIE, Alemania

B Hch 20,35; Flp 2,1–4 **CCE** 1609, 1931 **AL** 129 **CV** 109–110, 129, 142–143 **GE** 65

¿Cómo debo lidiar con mi curiosidad por el sexo?

Sería extraño que no te interesara vivamente lo que es el amor y cuál es su significado para ti. Puedes percibir el poder de la atracción erótica sin miedos infundados; es normal, solo debes evitar que te domine. Puedes hablar de ello, puedes dar gracias a Dios por el don de la sexualidad. Pero protege tu corazón, ten cuidado con los contenidos eróticos. Podrías sentirte tentado a excitarte con imágenes y textos inertes, en lugar de disfrutar con el amor de la persona a la que algún día querrás entregarte por completo.

Si aún no has encontrado a la persona que amas, estás viviendo una etapa de ilusión, búsqueda, incertidumbre y quizá incluso frustración. Los medios de comunicación te asedian con imágenes que despiertan tu apetito sexual y, en este sentido, seguramente lo tienes más difícil que tus padres. Debes tener cuidado con lo que dejas entrar en tu alma a través de los ojos. Todo lo que ves te cambia, te des cuenta o no. Debes ser fuerte para no caer en la vorágine de un mundo en el que todo gira en torno al sexo... y ya no en torno al amor.

> ¡No pienses en un elefante rosa!»: cuando me digo eso, irremediablemente pienso en un elefante rosa. Justo lo mismo ocurre con el sexo.
>
> **JEREMY HAMMOND,** Fundador de Free!ndeed

Existen mil cosas en los planes de estudios, pero no existe que se requiere una inmensa disciplina para ser y mantenerse una persona decente.

DORO, Alemania

¿Por qué habla la Iglesia de castidad y para qué es necesaria?

Hay que volver a explicar lo que es la castidad, ya que se confunde con el puritanismo. Casto es aquel que es dueño de sí mismo y no esclavo de sus instintos. Vives con castidad cuando vives la sexualidad como lenguaje del amor y del fortalecimiento de los vínculos. La castidad es una forma de defenderte contra la humillación por parte de ti mismo o de los demás, contra las intenciones torcidas, las heridas emocionales y el mal sabor de boca del arrepentimiento. La castidad incumbe tanto al individuo como a la pareja. Crea el espacio perfecto para el amor, el respeto, la libertad, la dignidad, la autenticidad y el aprecio. La autoestima y el amor son incompatibles con el egoísmo, la pérdida de control, la bajeza y la codicia.

> **Lo más hermoso que podemos experimentar es lo misterioso.**
>
> **ALBERT EINSTEIN** (1879–1955), Premio Nobel de Física

Santo Tomás de Aquino compara a una persona impúdica con un león que pone sus ojos en un ciervo: le invade un ansia de apetito voraz. Una persona impúdica ve a los demás como presas; los percibe como cuerpos, no como personas. Sin embargo, una persona quiere ser respetada y amada, no utilizada y consumida. Jesús valora mucho la pureza en la mirada: «todo el que mira a una mujer deseándola, ya ha cometido adulterio con ella en su corazón» (Mt 5,28). Lo que se quiere decir es: quien quiere seducir a otra persona con la mirada… La castidad hoy significa: ¡No al porno! ¡No a las relaciones sin compromiso! ¡No a los flirteos falsos! ¡No a los comentarios sexistas! ¡No a las aventuras pasajeras!

B Mt 5,28; Gál 5,22 **CCE** 2338 **Y** 404 **AL** 206 **FC** 33 **HV** 4, 12

¿Por qué se aviene tan mal ser piadoso y sexy?

En absoluto. Ser piadoso y sexy, o lo que es lo mismo, ser guapo, atractivo, coquetear desenfadadamente, se avienen muy bien. Dios no solo nos ha creado buenos, sino muy buenos. Por eso podemos hacer resaltar nuestra belleza natural y sacar lo mejor de nosotros mismos. ¿Hay que andar por ahí alicaídos y lúgubres? No, podemos ser encantadores y así gustar de verdad a los demás. De lo contrario, nunca nos fijaríamos en otros ni nos enamoraríamos. De hecho, a veces una gran historia comienza con un pequeño flirteo.

El cuerpo femenino es un misterio que hay que descubrir, un misterio sexy... pero como mujeres, debemos mantenerlo un poco envuelto hasta que llegue el hombre que Dios nos dice que es el adecuado.

PATRICIA, México

Otra cosa es que alguien excite con sus encantos corporales, que se vista de forma provocativa simplemente para llamar la atención, aumentar su propia autoestima o seducir a alguien. Eso sí que no es sexy, sino que es jugar sucio. Como mínimo, es arriesgado con aquellos hombres que viven deseando echar el ojo y que interpretan esa actitud como una invitación a «algo más» y que luego pueden acabar afirmando que «ella también quería». El que quiere ser encantador y propiciar el deseo, es decir, ser sexy para la persona a quien ama, no va, sin embargo, en contra de la voluntad de Dios. Y es que «Dios ama el gozo alegre de sus hijos» (AL 147).

B Me has robado el corazón, hermana mía, esposa; me has robado el corazón con una sola mirada tuya

B Cant 4,9–11; 1 Tim 4,4–5 **CCE** 2831 **Y** 403 **AL** 147, 157 **CV** 49, 79

Apartar la vista es una posibilidad. Pero las imágenes son poderosas; a menudo ejercen una fuerza hechizadora. Y a veces no eres lo suficientemente fuerte ni disciplinado, sino que te sientes solo, débil, vulnerable, a solas frente a la pantalla. No debes jugar con fuego. Por eso necesitas una estrategia. Busca un buen amigo al que puedas contarle que estás expuesto a esa espiral de tentaciones. Juntos podéis reforzaros mutuamente y plantarle cara al veneno seductor de esas imágenes que son falaces, degradantes, violentas y vergonzosas.

Estoy asediado por imágenes eróticas, ¿qué debo hacer? ¿Apartar la vista?

Por desgracia, el influjo seductor del sexo virtual se ha convertido en un negocio multimillonario. Niños de 10 años pueden moverse dentro de un mundo de vídeos pornográficos como si se tratara de un burdel virtual. Cualquier persona normal sabe que allí su parte más humana se embrutece y su alma se atrofia. Si no quieres que eso ocurra (y tampoco buscas compromisos baratos), hay cinco formas de evitarlo que empiezan por la letra «C»:

1. **CONCLUYE** inmediatamente la sesión si has entrado en páginas web inadecuadas y nunca te lleves el móvil al dormitorio.
2. **CONVERSA** con otras personas: descubrirás amigos estupendos.
3. **CÉNTRATE** en Dios y rézale para pedir paz interior y fuerza para resistir.
4. **CONFIÉSATE** y deja que Dios te conceda un nuevo comienzo en el camino hacia el amor.
5. Si todo lo demás falla: **COLOCA** un «filtro» que tú mismo no puedas burlar.

> **"** Aunque Pornhub ha omitido estos datos en su informe anual de los últimos años, su informe de 2019 indicaba que se registraron más de 42 000 millones de clics en esta web, lo que supone aproximadamente 6 visitas al sitio por cada una de las personas que habitan la Tierra, lo cual es, en total, 8,5 millones más de visitas que en 2018.

FIGHT THE NEW DRUG
Iniciativa estadounidense en Internet para la concienciación acerca de la adicción a la pornografía

¿Por qué debería contener durante años mis urgencias sexuales?

Porque el amor merece que esperes. Porque la persona que más quieres merece que te entregues a ella y a nadie más. Porque vales mucho y no debes desperdiciar tu capacidad de entrega en pequeñas aventuras sexuales. Estás en el buen camino si tu deseo sexual está profundamente asentado en tus anhelos de amor. El amor es, en efecto, más grande que el sexo. Y es exigente. Al sexo le llegará su turno cuando se cumplan todas las condiciones para el amor. El sexo antes, en paralelo o en lugar del amor es, en definitiva, siempre algo insuficiente.

Es verdad que antes no sabía con quién me casaría llegado el momento, pero ya entonces estaba seguro de que no engañaría jamás a mi esposa.

ROBERT, Alemania

¿Puedes decir estas tres frases con todo tu corazón a la persona que elijas? 1. Te quiero solo a ti. 2. Te quiero para siempre. 3. Contigo que vengan todos los hijos que Dios quiera darnos. Si ambos podéis responder positivamente a todas estas afirmaciones, entonces cumplís las condiciones del amor. Podéis uniros, y no solo durante unos minutos de placer, sino para siempre. Si se quiere tener sexo sin estas condiciones, (todavía) no se ama de verdad. Hay que tener siempre cuidado de no utilizar al otro para satisfacer necesidades momentáneas. El sexo, dicho sea de paso, siempre puede dar lugar a que concibáis un hijo. Ya solo por esta razón el sexo es algo que implica el amor comprometido que se da en el matrimonio. Y es que solo el matrimonio ofrece un refugio en el que un niño puede crecer seguro y protegido.

FLASH 4 LIGHT

B Eclo 9,8; 1 Tes 4,3 **CCE** 2350 **Y** 407 **AL** 131–132 **CV** 261, 265 **FC** 80 **HV** 9

¿Cómo gestiono mi placer si estoy soltero?

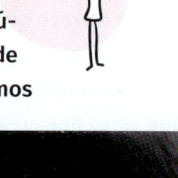

Todo ser humano tiene deseos: comer, escuchar música, disfrutar de la naturaleza, admirar la belleza de las personas. Pero no todo lo que deseamos podemos tenerlo. Ya sea porque no nos pertenece o porque tendríamos que recurrir a medios inapropiados para conseguirlo. Algunos seres humanos no se casan o no encuentran a la persona adecuada para ellos. Decirles «pues entonces no te queda más que masturbarte, comprar sexo o suplantar tu deseo de ternura por medio de la tecnología», es no respetar la dignidad humana y conduce, a la postre, a un callejón sin salida.

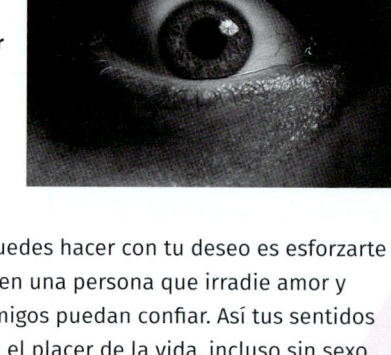

Lo mejor que puedes hacer con tu deseo es esforzarte por convertirte en una persona que irradie amor y en la que tus amigos puedan confiar. Así tus sentidos experimentarán el placer de la vida, incluso sin sexo genital. Hay muchas personas que, por diferentes motivos, renuncian a las relaciones sexuales sin por ello convertirse en personas incompletas. El sexo activo pertenece al ámbito de la ternura con la otra persona a la que amo. Cuando esa otra persona no está presente, no se puede lograr el mismo efecto con actos que pretenden suplantar la unión real y amorosa entre un hombre y una mujer. El sexo no se puede forzar y no existe un «derecho humano a la satisfacción de los deseos sexuales», aunque una industria del sexo multimillonaria quiera hacernos creer lo contrario.

En mi juventud fui adicto al porno. Esto provocó trastornos en mi afectividad y mi sexualidad. Al permitir que la gracia de Dios entrara en mi vida, pude emprender un viaje (de curación) con el que llegué a una aceptación más sana y libre de la sexualidad, pero también a poder apreciar la dignidad de las personas y poder vivir con ellas de una forma más libre.

JUNGER MANN, Colombia

¿He de sentirme mal si me pierdo durante el día en ensoñaciones y fantasías sexuales?

Quien más quien menos todos sabemos lo que es «hacernos películas». Los ensueños pueden ser de mucha ayuda para imaginar lo bello del amor y aspirar

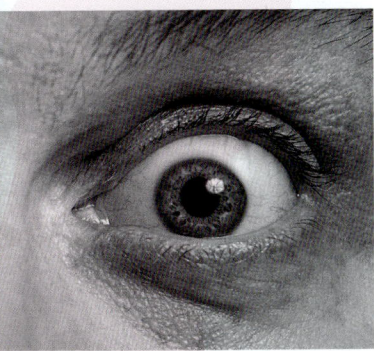

en la realidad a él con todas nuestras fuerzas. Sin embargo, las fantasías también pueden hacer que perdamos el contacto con la realidad, que nos alejemos de ella y nos sumerjamos en ciertas ambiciones que nos atraparán en una pauta fatal de comportamiento, por ejemplo, con la pornografía, o peor aún, seduciendo a alguien y persuadiéndolo para tener relaciones sexuales o hasta abusando directamente de él.

Tus sueños, tanto los diurnos como los nocturnos, te ponen ante tu propio corazón. Te muestran lo que hay en tu interior. Desde lo más profundo de tu corazón puedes volverte hacia el amor y el bien. Pero no es menos cierto lo que dice Jesús en Mc 7,21: «Porque de dentro, del corazón del hombre, salen los pensamientos perversos, las fornicaciones, robos, homicidios...». Por ejemplo, si te sientes atraído sexualmente por la belleza de otra persona, puedes alabar a Dios por haber creado algo tan hermoso, o puedes consumirte en el deseo de apoderarte de lo que no está hecho para ti. A menudo fantaseamos con que lo prohibido es algo especialmente hermoso. En ese caso tenemos que recurrir a nuestro entendimiento para salir de ahí. Si lo consigues, **¡nuestra más sincera enhorabuena!** No todo el mundo lo logra tan rápido. Pero Dios siempre nos dará una nueva oportunidad sin importar el número de veces que nos descarriemos. No lo olvides nunca: «Bienaventurados los limpios de corazón, porque ellos verán a Dios» (Mt 5,8).

FELICIDADES

B Mt 5,28; Rom 5,17; Gál 5,13; 1 Tes 4,5; Sant 1,15 **CCE** 1809 **Y** 293–294, 463 **CV** 12, 32

¿Está bien la masturbación?

En la pubertad, la masturbación es una forma de conocer el propio cuerpo. Cuando uno crece, suele aumentar el deseo de unirse a una persona amada. De este modo se alcanza el objetivo para el que Dios ha dotado a los seres humanos con la sexualidad. Si se practica la masturbación de forma habitual, uno permanece encerrado dentro de sí mismo y disminuye la capacidad de entregarse al otro. Por eso, la Iglesia enseña a no practicarla y a vivir la sexualidad como plena expresión del amor conyugal.

Especialmente en la era de la pornografía, no son pocas las personas que se ven envueltas en una adicción que las aleja de un desarrollo completo del amor entre hombre y mujer. Durante años, se ha estado frivolizando con esto en Internet y en las revistas, mientras que, al mismo tiempo, los expertos en adicciones han estudiado las graves consecuencias psicosociales que esto tiene en hombres y mujeres. Por desgracia, es muy difícil librarse de esta adicción, ¡pero no es imposible! Preséntale tu adicción a Dios, déjate guiar por Él para que puedas volver a ser libre y encontrar el amor. Habla con un amigo si has llegado a esta situación tan complicada. ¡No te rindas!

Durante mucho tiempo pensé que la masturbación estaba bien, porque no hacía daño a nadie. Pero, habiéndome vuelto casi adicta a ella, me di cuenta de que a quien más daño hacía era a mí misma. Siempre, apenas unos segundos después de esa engañosa sensación de «placer», sentía una enorme vergüenza, rabia, y asco de mí misma. La irónica coincidencia de estos sentimientos en cuestión de segundos me llevó a un lugar muy oscuro del que fue muy difícil salir. Una vez, mientras rezaba, me di cuenta de que era una esclava de mis miedos y mi placer. Me sentí como si fuera esclava de mi cuerpo y no hiciera honor a Dios. La masturbación no está bien porque el Espíritu de Dios habita en mi alma y en mi cuerpo y mis actos deben ensalzar ese Espíritu.

MARCELLINA, Líbano

ESPECIAL

Reconocer una adicción con el principio SAFE

Sentimientos

La adicción comienza con las «lagunas» en tu vida, con tu soledad, tus miedos, tu agresividad. Quieres escapar de un sentimiento desagradable y te das una «droga», un veneno para tus ojos y tu alma. La adicción compensa sentimientos como el aburrimiento, la tristeza o la rabia.

Abuso

Si primero consumes pornografía por casualidad, luego de manera frecuente y finalmente de forma compulsiva, acabarás por masturbarte. Este dejarse llevar por los impulsos es una forma de abusar de ti mismo. Uno acaba por ver películas eróticas con excesiva frecuencia y durante mucho tiempo o viéndose obligado a masturbarse.

Falta

El veneno que introduces en tu alma a través de tus ojos no sacia tu hambre; no te llena, no te hace feliz. Te vuelves cada vez más insensible, necesitas una dosis cada vez más fuerte de la droga y sin embargo sigues sintiendo que falta algo. La adicción no tiene ninguna relación emocional con una persona y lleva a que los afectados se vuelvan cada vez más «insensibles».

Escondido

Que eres adicto a algo lo reconoces porque no quieres que nadie vea lo que estás haciendo. De este modo, refuerzas tu dependencia. Tarde o temprano, no podrás seguir reprimiendo tu adicción. Te acabará enajenando. La adicción suele mantenerse en secreto y uno la esconde tanto como sea posible. Al principio, los adictos consiguen ocultar su adicción, pero llega un momento en que ya no pueden reprimir su enfermedad ni siquiera en la vida cotidiana.

¿Qué me pasa si juego con la pornografía?

El consumo continuo e intensivo de pornografía es la forma más segura de dañarse emocionalmente y perder el respeto por la dignidad humana en el ámbito sexual. La pornografía puede convertirse en una adicción. Si consumes pornografía con regularidad, te estás enganchando a una droga que puede alterar negativamente tu vida sexual y programar tu cerebro de forma errónea. Dado que te perjudica a ti y al amor que sientes hacia otras personas, el consumo y la producción de pornografía es un pecado con el que nadie debería jugar..., y mucho menos, un cristiano.

Necesitáis ayuda divina... si no queréis que vuestro amor se ahogue en la pornografía, si no queréis traicionar a los débiles y dejar en la estacada a las víctimas.

PAPA BENEDICTO XVI.
(1927–2022), papa alemán; prefacio al YOUCAT

" La pornografía aturde todo nuestro ser. Los sentimientos se ven extremadamente debilitados por el consumo de pornografía. Entablar relaciones profundas o mantenerlas intactas se vuelve cada vez más difícil. La incapacidad para relacionarse con los demás se acentúa y el círculo vicioso de vergüenza y aislamiento se hace interminable.

JEREMY HAMMOND, fundador de www.free!ndeed.de

Pagarás ese subidón momentáneo con soledad, con la pérdida de tu capacidad para crear vínculos y con tu propia autoestima. Cuanto más tiempo experimentes con la pornografía o incluso crees tus propias fotos, vídeos y retransmisiones en directo, más difícil te resultará establecer o mantener una relación auténtica con la persona a la que realmente amas. En tu imaginación tendrás sexo con todo el mundo, pero en la realidad acabarás sin nadie.

B Mt 6,21–23; Rom 7,19–20 **CCE** 2523 **Y** 412 **AL** 41, 281 **CV** 90

Tu pasado no define quién serás en el futuro. Dormir juntos es una promesa física con el mensaje: «Soy tuyo, solo tuyo, y lo seré durante el resto de nuestra vida juntos». En el pasado no quisiste o no pudiste cumplir esta promesa. Si ahora has encontrado a la persona con la que estás dispuesto a hacerlo, es maravilloso. Pero ahora, con la ayuda de Dios, debes hacer todo lo posible para romper definitivamente con tu pasado. La persona a la que amas y los hijos que Dios os regale necesitan que puedas comprometerte en el amor de forma irrevocable, con el corazón puro y sin cargas.

¿Qué tan malo es haber tenido sexo con distintas parejas?

> Hay que encomendar el presente a la inmensa misericordia de Dios. Dejar el futuro en manos de su amorosa providencia. Confiar el presente por completo al amor de Dios mediante vuestra fidelidad asistida por su gracia.
>
> **JEAN-PIERRE DE CAUSSADE** (1675–1751), jesuita y escritor

Claro, no te has hecho ningún favor jugueteando en el amor y teniendo relaciones sexuales con muchas parejas (*body counting*, llevando la cuenta de los cuerpos con lo que te acostabas). Probablemente ni siquiera tú mismo puedas evaluar hasta qué punto ha disminuido tu capacidad de entregarte por completo. Y mucho menos podrás juzgar lo que se ha roto en los demás. Lo importante es que pidas perdón a las personas a las que les debes algo y que tú mismo perdones a quienes te han hecho daño. Antes del día en que digas «sí» ante el altar, debes poner toda tu vida, incluidos tus intentos fallidos en el amor, delante de Dios a través de una buena confesión. Dios no es rencoroso; una vez que ha perdonado algo, está ya perdonado. Pero los seres humanos tendemos a reprocharnos las cosas durante mucho más tiempo, lo cual nos impide llegar a sanar completamente.

¡Sin duda! Dios no está interesado en los detalles de nuestras historias antiguas y alocadas. Solo mira nuestros errores cuando seguimos creyendo que estuvieron genial. Dios es misericordia y amor, y abre sus brazos de par en par para permitirnos un nuevo comienzo. Quiere restaurar nuestra hermosura y ponernos en el camino hacia nuestra felicidad. También en el ámbito de la sexualidad, Dios puede purificarnos, sanar nuestros recuerdos y abrirnos un nuevo camino. Solo tenemos que dejarle actuar.

Jesús se dirigió a los pecadores, incluso a una adúltera, con especial ternura. ¡Sin señalar con el dedo! ¡Sin reproches! Esto irritó a muchos: «Si este fuera profeta, sabría quién y qué clase de mujer es la que lo está tocando, pues es una pecadora» (Lc 7,39). Pero Jesús sabía exactamente lo que hacía. El pecado solo puede ser vencido por el amor: «Por eso te digo: sus muchos pecados han quedado perdonados, porque ha amado mucho» (Lc 7,47). Dios quiere que dejemos atrás las viejas historias que nos impiden estar en comunión con él. Donde él no nos condena, tampoco debemos condenarnos a nosotros mismos, sino poner nuestras heridas ante Jesús para que él nos las cure. Un medio especialmente importante para ello es el sacramento de la confesión, en el que Cristo, a través del sacerdote, nos concede directamente el perdón de nuestros pecados.

B Lc 7,37–50; 1 Pe 4,8 **CCE** 1420–1460 **Y** 408 **AL** 307–312 **CV** 119–120

¿Cómo trato mis heridas?

Las heridas emocionales son heridas de amor: del amor ausente, del amor equivocado, del amor que nos han retirado o negado. La buena noticia es que se pueden curar. Puedes aprender a aceptar el dolor, incluso a abrazarlo, si sabes que se puede curar con amor, con un amor que quizá tengas que dar antes de recibirlo. Si no reprimes tu dolor, este puede convertirse en el punto de partida para un conocimiento más profundo, para una intensa empatía y para fortalecer tu capacidad de resistencia. Además, estar herido te lleva a estar muy cerca de Jesús. Él dejó que lo hirieran por amor a nosotros, incluso murió en la cruz por nosotros. «Con sus heridas fuisteis curados» (1 Pe 2,24).

> Agua del costado de Cristo, lávame. Pasión de Cristo, confórtame. Oh, buen Jesús, óyeme. Dentro de tus llagas, escóndeme.
>
> Anima Christi

La presencia cristiana junto a los enfermos revela que la salvación no es una idea abstracta, sino una acción concreta. En el gesto de limpiar una herida, la Iglesia proclama que el Reino de Dios comienza entre los más vulnerables. Y, al hacerlo, permanece fiel a Aquel que dijo: «Estaba [...] enfermo, y me visitaron» (Mt 25,35.36).

PAPA LEÓN XIV, DT 52

Sobre todo, busca apoyo espiritual. Y es que, en última instancia, Dios te invita a adentrarte en aquellas regiones en las que todo se ilumina a tu alrededor y unas cuantas certezas inundarán tu alma, a saber: sí, has sido creado por amor; sí, estás destinado al amor; sí, tu historia está en manos de Dios; sí, su amor te acompaña; sí, puedes regalar amor y no por ello te quedarás sin nada. Puedes reconciliarte con tu propia historia. Los sacramentos, concretamente la confesión y la eucaristía, son de especial ayuda. En ellos, Cristo tocará tu historia con la misma fuerza con la que tocó a los enfermos: «...salía de él una fuerza que los curaba a todos» (Lc 6,19). Y nunca olvides: los árboles que están expuestos al viento a menudo parecen toscos. Pero nada los derriba fácilmente. Esto se debe a que tienen raíces fuertes.

B Is 54,4; 1 Pe 2,24 **CCE** 1799 **Y** 227 **AL** 239–240 **CV** 83, 199 **GE** 151

A menudo, cuando alguien tiene dificultades para mostrar sus sentimientos, lo que ocurre es que simplemente tiene miedo de ser rechazado. Teme que el otro pueda menospreciarlo si se abre y muestra con sus palabras y sus gestos lo que hay en su corazón. Tener que ocultar anhelos y deseos te hará con seguridad infeliz, tanto a ti como a la persona a la que amas. Pero hay dos buenas noticias para ti. Primero: con un poco de práctica, se puede aprender a expresar los sentimientos. Segundo: nadie puede destruir con sus críticas lo que eres a los ojos de Dios, un hijo al que ama y aprecia por encima de todo. ¿Y no será que hay por ahí alguien que lleva mucho tiempo esperando a que derribes el muro que rodea tu corazón y le muestres lo que sientes?

¿Qué pasa si nunca he aprendido a expresar mis sentimientos?

Expresar sentimientos es algo que se puede practicar como si fuera un nuevo idioma. Observa a las personas que se tratan con cordialidad, calidez y amabilidad: fíjate en su lenguaje corporal, en los gestos acogedores con las manos, en su valentía para sonreír y mirar a los ojos. Algún día, para ti también será algo natural abrazar a alguien y decirle: «¡Qué alegría que estés aquí!».

> Algunos llevan un gran fuego en su alma y nunca viene nadie a calentarse junto a ellos: los transeúntes solo notan un poco de humo que sale por la chimenea y siguen su camino.
> **VINCENT VAN GOGH** (1853–1890), pintor holandés

¿Qué pasa si han abusado de mí? ¿Se puede en ese caso todavía amar?

Jamás debes creer que nunca podrás volver a entregarte, volver a amar, volver a confiar en alguien porque hubo una persona que abusó de ti y te hirió en lo más profundo de tu ser. Las personas que han sido víctimas de abusos suelen sentirse sucias o, incluso, suelen culparse a sí mismas de lo sucedido. Si este es tu caso, estás cayendo en un engaño. Por favor, ten muy claro que eres inocente. El camino para recobrar la confianza puede ser largo, pero existe. Y cada herida que Dios ha curado en lo más profundo de tu ser hará que tu vida sea aún más valiosa y tu amor aún más profundo.

Nadie excepto tú mismo puede hacer que te sientas inferior e incapaz. Si te culpas constantemente, estás afrontando de manera perjudicial el delito del que ha sido víctima. Permanecerás atrapado en el pasado, aferrado a tu sufrimiento, convirtiéndote así en víctima una vez más. Libérate, acude a psicoterapia si aún no lo has hecho y tiende tu corazón al sol de Dios tanto como puedas. ¡Reza! Ten mucho cuidado de no echarte la culpa injustamente.

No estás solo. Jesús fue maltratado hasta la muerte durante su Pasión. ¡Pero piensa en la resurrección!

FABIAN, Malasia

El **abuso** se presenta de muchas formas. Siempre se trata de una violación fundamental de la libertad y la dignidad de una persona.

El **abuso sexual** es especialmente dramático, ya que afecta al cuerpo y alma de la víctima, pero, en todos los casos, es un delito. En el abuso sexual, la integridad física y psíquica de una persona se ve tan profundamente vulnerada que la persona abusada puede quedar herida para el resto de su vida o incluso «morir interiormente».

En la mayoría de los casos, el delito se basa en una **relación de dependencia**. El abuso propiamente dicho puede desarrollarse de forma gradual: es decir, antes de que se produzcan los actos sexuales, la persona se gana la confianza de la víctima, la acosa, la amenaza, la compromete, la manipula, la seduce, la «compra» con favores...

El **abuso sexual**, ya sea contra la voluntad de la víctima o con su aparente consentimiento, es el uso de la fuerza por parte de una persona más fuerte contra otra más débil, generalmente un hombre contra una mujer, una persona poderosa contra una dependiente, un adulto contra un adolescente o un niño.

Las personas que están en una posición de desventaja económica, corporal, lingüística, anímica o espiritual, se convierten en **víctimas de otros** que las usan como cosas para conseguir satisfacer sus deseos.

Especialmente grave es el abuso contra niños y adolescentes **dentro de la familia**, ya sea con ellos o delante de ellos. No menos devastador es el abuso **por parte de sacerdotes**. Aunque es mucho menos frecuente, puede destruir la confianza en Dios.

Tenlo siempre presente: el **sexo es un regalo libre del amor**; presupone «igualdad» y una profunda confianza mutua y, en realidad, solo debería tener lugar en el amor que es para siempre.

Si tienes la impresión de que una persona solo te utiliza, debes separarte de ella **de forma inmediata e irrevocable**. Lo que se hace en secreto siempre es sospechoso. Si no estás seguro, mantén por el momento la distancia. Busca inmediatamente el consejo de personas de confianza.

Los actos de abuso, aunque solo sean intentos, deben **denunciarse siempre a la policía**. Incluso si el autor del abuso es un miembro de tu propia familia. ¡No te avergüences!

¡Busca ayuda! ¡Olvida la idea de que tú solo puedes salir de la situación!

¿Se puede escapar en algún momento de las experiencias de la infancia?

¿Estás descubriendo ahora la profundidad con que te marcó lo que viviste en tu infancia y primera infancia? ¿Es algo que te impide amar con toda el alma? Entonces déjame decirte algo: tu pasado es parte de ti, pero no es tu destino. Puedes liberarte de patrones de conducta erróneos, incluso de la maldición de los recuerdos de los abusos y la violencia. Pero para ello necesitas tiempo, sabios consejeros y el valor de abrirte a ellos. Expón a menudo, en cualquier caso, tu corazón a la luz y el amor de Dios.

¿Por qué soy como soy? ¿Por qué no puedo entregarme por completo, por qué me enfado tan rápido, por qué tiendo a la violencia, por qué me dan miedo los demás, por qué a veces me siento abandonado o poco valorado? Son miles de preguntas y muchas están relacionadas con nuestro pasado. De niños, nuestros padres y nuestro entorno nos marcan. Aprendemos lo que es el amor a través del amor que nos dan, y aprendemos a usar la violencia porque la han usado con nosotros. En este caso, se necesita un largo proceso para romper los patrones violentos de conducta y sustituirlos por actitudes inspiradas en la paciencia, el amor y la confianza. El proceso de cambio comienza con la decisión de querer superarlo y cambiar. Todo el mundo tiene la libertad de tomar esa decisión.

Todavía sigo acordándome de las personas que abusaron de mí. Por mucho que quiera olvidarlo, no puedo. En cierto sentido, esas cosas horribles me hacen reflexionar sobre el hecho de que yo era un niño pequeño que no creía que los adultos de mi colegio pudieran hacer nada malo. ... Hoy sigo creyendo en la bondad de la gente. No quedamos reducidos únicamente a nuestros pecados. ¿Qué pasó con esos adultos? Nunca tuve la oportunidad de decirles que ya hace mucho tiempo, cuando todavía era un adolescente, los perdoné.

JEREMY, EEUU

¿Puedo aprender como hijo único a convivir para siempre con otra persona?

Mientras seas una persona con amigos y mantengas relaciones basadas en la confianza con ellos, no tienes por qué preocuparte de no poder aprender a amar por no tener hermanos. Es cierto que el amor en el matrimonio es un reto aún mayor que el amor entre amigos, pero con ellos también aprenderás cosas decisivas: que no eres el centro del mundo, que el otro necesita espacio para desarrollarse, que es importante ser considerado y que, para que el amor sea duradero, es imprescindible el perdón y la reconciliación.

> Un amigo es la persona que lo sabe todo sobre ti y, aun así, te quiere.
>
> **ELBERT HUBBARD** (1856–1915), escritor americano

> La mayor felicidad que existe en la vida consiste en estar convencido de ser amado por alguien, amado por lo que uno es, o mejor dicho, a pesar de ello.
>
> **VICTOR HUGO** (1802–1885), escritor francés ateo

FLASH 5 LIGHT

Hay muchos prejuicios contra los hijos únicos. Algunos dicen que son mimados, egoístas, intolerantes e incapaces de relacionarse. En algunos casos concretos, esto puede ser cierto. Pero igual que puede existir un exceso de mimos y cuidados, también uno puede verse perjudicado por la falta de cariño y atención. En realidad, todas las personas necesitan un ámbito fuera de la familia de la que proceden para ejercitarse en el amor. Por eso son tan importantes los amigos. Se trata de encontrar un buen equilibrio. Para Dios, todos somos en primer lugar «hijos únicos» (como lo era Jesús, por cierto). Él nos ama como si fuéramos los únicos en el mundo.

¿Qué pasa si no puedes fijarte en tu padre y tu madre para aprender cómo funciona el amor?

El hecho de que hayas vivido en un mundo en el que el amor se ha roto no tiene por qué llevarte a repetir los mismos errores de tus padres. Si tienes a tu lado a una persona que te ama con ternura, podrás experimentar con ella momentos de gracia, de aprendizaje y de cambio profundo y curativo, en el que no tendrás que ocultar nada.

Pero no puedes esperar a que tu futuro cónyuge llene tus carencias emocionales. Por eso es imprescindible que tus propios asuntos queden encaminados antes del matrimonio. Si es necesario, acude a un consejero espiritual o a un psicoterapeuta para que te ayude a arrojar luz sobre tus miedos y tus carencias. Además, es importante que busques la cercanía de personas en las que encuentres ejemplos convincentes de amor y constancia. Busca la compañía de buenas familias cristianas y observa qué es lo que caracteriza sus vidas. Y nunca olvides que tienes un padre en el cielo que, por amor, quiso que existieras precisamente tú, como ser único e irrepetible.

> Todos hemos nacido para amar. Es el sentido de nuestra existencia y su único propósito.
>
> **BENJAMIN DISRAELI**
> (1804–1881), político y escritor británico

> ## ¿Cómo consigo tomar mi propio camino sin herir o defraudar a mis padres?

Escucha a tus padres con respeto y atención, ¡pero toma tus propias decisiones! ¡Y defiéndelas ante ellos!

Por lo general, los padres quieren lo mejor para sus hijos. Vale la pena mantener un diálogo con ellos, incluso cuando puedan surgir conflictos. Puede que tengas algo en el corazón que te preocupa profundamente, o que Dios te llame a algo que tus padres no entienden. Entonces, ten valor y sigue tu camino. No dejes de oponerte a tus padres por ganar su simpatía u obtener su beneplácito. Reza, y no lo hagas solo por ti. Y recuerda que hay un pasaje en el que Jesús dice: «El que quiere a su padre o a su madre más que a mí, no es digno de mí; el que quiere a su hijo o a su hija más que a mí, no es digno de mí» (Mt 10,37). A veces ayuda el recurrir a una persona de tu confianza que pueda mediar entre tú y tus padres.

Quizás muchos jóvenes, que hoy en día optan por la convivencia en lugar del matrimonio cristiano, necesitan en realidad a alguien que les muestre de manera concreta y comprensible, sobre todo con el ejemplo de vida, qué es el don de la gracia sacramental y qué fuerza proviene de él; que les ayude a comprender «la belleza y la grandeza de la vocación al amor y al servicio de la vida» que Dios da a los esposos.

PAPA LEÓN XIV, Mensaje a los participantes en el seminario «Evangelizar con las familias de hoy y de mañana»

Indonesia sigue siendo un país muy tradicional. Muchos jóvenes no abandonan el hogar paterno hasta que se casan. Esto se debe a que así lo exige la cultura del respeto filial.

NADIA, Indonesia

B Éx 20,12; Lc 2,51; Mt 10,37 **CCE** 2230 **Y** 371–372 **AL** 18, 137, 262 **CV** 189–190

Cuando te vas de casa, se crea una nueva relación con tus padres que aún tiene que consolidarse. Esa relación algún día debería llegar a despertar en ti gratitud, respeto y amor. El cuarto mandamiento dice: «Honra a tu padre y a tu madre, para que se prolonguen tus días en la tierra, que el Señor, tu Dios, te va a dar» (Éx 20,12). Mientras vivimos, somos hijos de nuestros padres y padres de nuestros hijos. Cuando el amor de los padres es sano, les concede a los hijos un espacio de libertad. Cuando el amor de los hijos es sano, no se olvidan de sus padres, especialmente cuando sus fuerzas empiezan a debilitarse.

¿Qué significa salir de casa de mis padres?

Irse de casa no significa alejarse de los padres. Solo significa empezar una vida propia. Esto también es necesario si algún día llegas a casarte: para que podáis apoyaros mutuamente y ser un hogar para vuestros hijos, debéis poder dirigir vuestra propia vida, asumir responsabilidades y velar vosotros mismos por vuestras necesidades.

En las culturas africanas es complicado abandonar físicamente el hogar paterno a causa de algunas hermosas costumbres y tradiciones. En muchas tribus se espera que el hijo mayor proteja las tierras de la familia. Pero además, tampoco en un sentido psicológico abandonamos el hogar. En una familia africana típica, el hijo mayor cuida de sus hermanos menores y todos los hijos tienen el deber sagrado de cuidar a sus padres hasta que mueran. Por eso a los africanos les resulta muy difícil entender que en algunas partes del mundo existan residencias de ancianos.

DIVIN, Camerún

Independizarse de los padres es algo que puede no conllevar problemas, pero también puede ocasionar tristeza por la pérdida de la cercanía y la seguridad, o ir acompañado de conflictos y sentimientos de amargura. La experiencia demuestra que las relaciones duraderas y profundas por lo general surgen allí donde en su momento hubo grandes broncas.

FLASH **6** LIGHT

B Gén 2,24; Eclo 7,27–28; 1 Tim 5,1–2 **CCE** 2230 **Y** 371–372
AL 9, 13, 190, 261–262 **CV** 187, 190 **DC** 11

Primero: no te avergüences si aún no puedes mudarte por motivos económicos o sociales. Segundo: ¡aprovecha al máximo tu situación! aunque pueda costarte algo más convertirte en una persona libre, responsable y cariñosa viviendo en casa de tus padres. Tercero: ¡Deja de autocompadecerte! Si dejas de centrarte solo en ti mismo, podrás ser una luz que guía a tu familia, compartir sus alegrías y sus penas y apoyar con todas tus fuerzas a tus padres y hermanos. Cuarto: no te comportes como si estuvieras en un hotel. ¡Echa una mano! Quinto: no te evadas con el móvil; pasa tiempo con buenos amigos y comprométete con tu comunidad. Sexto: es legítimo que te aísles en ciertos momentos y que te alejes de todo lo que te agobia: busca la tranquilidad, busca a Dios.

¿Qué debo hacer si no puedo salir de casa de mis padres?

Hay muchas razones por las que un adulto que podría tener su propia vida y su propia familia sigue viviendo en casa de sus padres: viviendas inasequibles, dificultades económicas, desempleo, enfermedad de los padres o el cuidado de estos. Es importante, sin embargo, que en ese momento y a pesar de las circunstancias, evoluciones en la relación con tus padres. Algunos padres te lo ponen fácil, otros te pueden agobiar con su amor. Pero ellos también saben que no puedes seguir siendo un adolescente toda la vida. No te aísles de manera agresiva. Demuestra que estás a la altura asumiendo responsabilidades. Y no caigas en la tentación de dejar que te cuiden y te mantengan. Posiblemente puedas hacerles entender a tus padres, con sensibilidad y respeto, que, aunque vivas con ellos, necesitas tu espacio.

B Lc 2,52;
1 Cor 13,11;
Ef 4,15
AL 40, 43, 190
CV 26
GE 145

¡¡Heeey!!

¿Pueden mis padres entrometerse cuando elijo pareja?

La elección de tus amigos es siempre cosa tuya. Es cierto que los malos amigos pueden desviarte del buen camino, pero los buenos son como un tesoro del que te alimentarás toda la vida. Y a menudo es entre los amigos donde se encuentra a la persona con la que más tarde se forma una familia. Lo más inteligente es que no ocultes tus amigos a tus padres. Aunque hay etapas en las que a menudo se está más unido al grupo de amigos que a los padres, merece la pena hablar con ellos sobre tus amigos y escuchar sus consejos. Tus padres, al haber vivido más que tú, tendrán casi siempre mejor ojo para los diversos tipos de personas.

> **Los más grandes hombres son aquellos que pueden dar esperanza a los demás.**
>
> **JEAN JAURÈS** (1859–1914), filósofo de la sociedad francés

¿En qué puedo reconocer quiénes son los buenos amigos y quiénes los malos? Un buen amigo se interesa por ti personalmente. También está a tu lado cuando lo pasas mal. Puedes confiar en él al 100 %. Puedes mantener conversaciones profundas con él sobre el sentido de la vida, sobre Dios, sobre el bien y la verdad. Un buen amigo no te presionará, no se aprovechará de ti ni te pedirá nada que no quieras o no puedas darle. Un buen amigo no solo busca la máxima diversión, sino que tiene valores e ideales por los que lucha y se compromete. Si hablas abiertamente con tus padres, te resultará más fácil descubrir a quién puedes ofrecer tu amistad y a quién es mejor no dársela.

B Éx 20,12; Prov 19,20; 1 Cor 13,4–8 **CCE** 2230 **Y** 372 **AL** 18, 123 **CV** 15

¿Puedo entrometerme cuando mis hermanos o mis amigos eligen pareja?

Incluso si eres un hermano, una hermana o el mejor amigo o amiga, no debes dar consejos ni advertencias sin que te los pidan. Y es que forma parte de la libertad personal de cada cual elegir con quién compartir su vida para siempre.

> Si callas, calla por amor; si gritas, grita por amor; si corriges, corrige por amor; si perdonas, perdona por amor.
>
> **SAN AGUSTÍN** (354–430), Padre de la Iglesia

Sin embargo, puede ocurrir que tu conciencia te diga: «Ahora tienes que decir la verdad, aunque eso te cueste la amistad». Esto ocurre cuando estás completamente seguro de que la persona elegida está ocultando o callando algo decisivo, por ejemplo, una anterior relación que sigue vigente, antecedentes penales, una afección patológica, una doble vida, deudas, una adicción, tendencias violentas, etc. Entonces debes tener el valor de decírselo en privado. Pero debes dar cuenta de esa verdad siempre desde el amor y nunca tratar de imponerla.

B Eclo 11,7 **CCE** 2488–89 **Y** 457 **AL** 217 **CV** 292

¿Cómo aprendo a perdonar a aquellos que me han herido?

En todas las relaciones, tarde o temprano uno hiere al otro y viceversa. Si no existiera el perdón, se acumularían sobre la base del amor recuerdos negativos que acabarían destruyéndolo. Perdonar de corazón y completamente es el mejor camino hacia el amor duradero. Y la mejor manera de aprender a perdonar es fijarse en Jesús. Al fin y al cabo, el perdón no es de este mundo. El perdón es un regalo de Dios. Fue Jesús quien rompió la espiral de violencia y represalias. En el seno del mal Él hace posible un nuevo comienzo, no emponzoñado por el rencor, las dobles intenciones y los secretos deseos de venganza. Jesús os da «piezas» con las que construir el camino hacia el perdón y debéis trabajar con ellas constantemente.

La primera pieza es la **misericordia**: el otro no es mejor que tú. La segunda pieza es el **recuerdo**: Dios te ha perdonado mil veces (y seguramente también otras personas); hazle tú este regalo también al otro. La tercera pieza es la **fe**: por el bautismo, perteneces a Cristo; estás reconciliado con Dios, has aceptado el modo de vida de Jesús y, con su ayuda, puedes empezar de nuevo a amar, incluso en un entorno hostil y de discordia.

> Aunque hubieras cometido todos los pecados del mundo, Jesús te dice: «Tus muchos pecados han sido perdonados, porque has amado mucho».
>
> **PADRE PÍO**, (1887–1968), uno de los más populares santos italianos

Juntos

y
ya
no

solos

PÁGINAS 86–129

3

**Cómo podemos
encontrar juntos
el camino con
valentía y alegría**

Dios es amor. Y eso ya dice lo esencial sobre nosotros, los seres humanos. Como estamos hechos a imagen y semejanza de Dios, no podemos vivir bien sin experimentar el amor, sin estar en comunidad, sin obsequiar y sin ser obsequiados. Ya en el Paraíso Dios dice: «No es bueno que el hombre esté solo» (Gén 2,18). ¿Quién no anhela tener amigos, una comunidad, personas con las que compartir su vida? Pero volvamos al Paraíso.

De repente aparece Eva. ¡No es una copia de Adán! Eva no es lo que cabría esperar. Es totalmente diferente, tanto en su anatomía como en todo lo demás. Pero encaja perfectamente con Adán. Adán está encantado. ¡Guau! «¡Esta sí que es hueso de mis huesos y carne de mi carne!» (Gén 2,23). Desde entonces, todos los Adanes de este mundo están tan fascinados por Eva que rompen por ella el vínculo más fuerte que existe: el que les une a sus padres. El hombre abandona «a su padre y a su madre, se unirá a su mujer» (Gén 2,24). Estas Evas parecen merecer que un hombre lo dé todo por esta criatura encantadora, que la siga y comience con ella algo nuevo y en lo que es mejor que los padres no estén presentes: los dos se convierten en «una sola carne» (Gén 2,24).

SER UNA SOLA CARNE

¡GUAU!

¿No podría haber dicho el autor del Génesis: «... y tuvieron relaciones sexuales»? No, no habría sido lo mismo. Hay una diferencia abismal entre «tener relaciones sexuales» y «convertirse en una sola carne». El sexo existe hoy en día y siempre ha existido, fuesen las ocasiones adecuadas o no. Pero «ser una sola carne» es mucho más, si bien, justo es reconocerlo, en ello también está implicado el sexo. Desde la perspectiva de Dios, el sexo solo tiene sentido cuando es la manifestación corporal del amor. El amor es entrega de la carne, de la piel y del cabello desnudo, sin dobles intenciones. El sexo es la expresión física de un acto de entrega único: yo me entrego a ti y tú te entregas a mí. Y nunca reclamaremos que se nos devuelva lo entregado.

Antes de entregarse, hay algunas cosas que hay que tener en cuenta. Y es que, en efecto, no hay periodo más emocionante que el que va desde tener el primer encuentro hasta verse ante el altar. En este capítulo abordaremos las preguntas, dudas y problemas que se os plantearán cuando emprendáis este camino juntos sin saber aún si os llevará a una unión para siempre o si Dios tiene preparados otros planes para vosotros.

¿Quieres vivir solo o en matrimonio? Aquí no hay ni «mejor» ni «peor». La mejor forma de vida es aquella a la que te conduce tu deseo más íntimo. Dios no te obligará a seguir ninguna vocación; te dará a través de su amor indicaciones para que descubras lo que realmente más te conviene. Sin embargo, hay personas que hubieran querido casarse y no encuentran a nadie. Para estas personas puede ser difícil descubrir, pese a que existe con toda seguridad, el plan que Dios tiene para ellos con respecto al amor. Quedarse solo también puede ser una vocación que nos da libertad para vivir el amor de una manera propia. Como cristianos, Dios nos invita concretamente a dos formas de vida: el matrimonio (Gén 2,18-24) o el celibato con vistas al reino de los cielos (Mt 19,12).

> **¿Qué es mejor: permanecer soltero o casarse?**

Ser soltero puede significar: ser libre para algo grande. Pero también podría significar: ¡Genial! ¡Sin responsabilidades, sin compromisos, sin hijos! ¿Qué más puedo pedir? Sin embargo, quien solo quiere libertad porque teme comprometerse, pone en peligro su felicidad. Amar y comprometerse con otra persona cuesta libertad, tiempo, energía, disgustos, lágrimas…, cuesta en definitiva, la vida. Pero ahí está la paradoja del amor. Lo das todo, pero también lo recibes todo: una vida plena de alegrías, risas, cercanía, calidez, seguridad, ternura, confianza, aventuras.

> " Mucho más que nuestras habilidades, son nuestras decisiones las que muestran quiénes somos realmente.
>
> **JOANNE K. ROWLING**
> (*1965), escritora inglesa

B Dt 30,19–20; Mt 19,12; 1 Cor 7,9 **CCE** 1618–1620, 2349 **Y** 265 **AL** 33, 34

¿Cuál es la ventaja de casarse?

Casarse significa comprometerse al cien por cien con el amor. Como novios, dais a entender a la sociedad que cada uno de vosotros es «una persona digna de ser amada incondicionalmente» (Papa Francisco, AL 132). Ante amigos y familiares, de forma pública y oficial, os comprometéis a cumplir con vuestra palabra. Vosotros mismos comprendéis mejor que nadie que ya no estáis solteros, sino que sois una pareja que se ha unido libremente para siempre. Recibir el «sí» definitivo de la persona amada crea un espacio de protección y confianza, y merece una celebración por todo lo alto.

FLASH **7** LIGHT

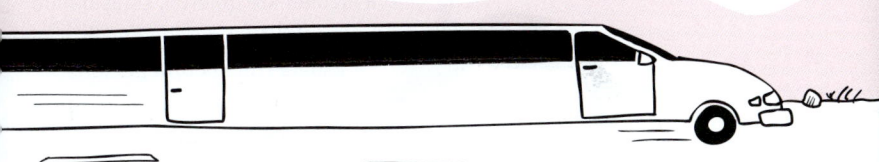

Antes de la boda, tenía muchas preguntas en la cabeza: ¿Estoy preparada para aceptarlo tal y como es, con sus defectos y todos sus problemas? ¿No seremos demasiado diferentes? ¿Es nuestro amor lo suficientemente fuerte? ¿No habrá alguna otra persona para mí? Y eso a pesar de que antes de prometernos siempre estuve muy segura de que éramos el uno para el otro. Casarnos ha sido muy bueno para nuestra relación, porque ya no tenemos que andar sopesando todo constantemente. Hemos tomado una decisión. Ahora solo podemos seguir adelante. Esto nos ha liberado mentalmente y ahora tenemos más recursos para afrontar los retos diarios y para llegar a compartir una forma de ver las cosas.

LUCIA, Austria

En algunas sociedades, «casarse» ya no parece atractivo hoy en día. ¿Por qué no dejar abiertas todas las posibilidades? Al parecer, solo cuentan argumentos como: ahorras impuestos, recibes una ayuda económica, tienes seguridad financiera. El verdadero argumento para el matrimonio reviste un encanto distinto y es el siguiente: que ese «sí» incondicional del matrimonio es la esencia del amor. En español se dice: «contraer matrimonio». Os estáis atreviendo a contraeros, a estrechar vuestra relación, a hacer más angosto el camino de vuelta. El amor es una aventura. Lo apuesta todo a una carta: ¡todo al futuro! ¡todo a ti!

B Gén 2,24; Rut 1,16–19 **CCE** 1603–1605 **Y** 265, 406 **AL** 131–132 **DC** 11 **FC** 3

¿Cuál es la diferencia entre la amistad y el amor?

Puedes tener infinidad de amigos a los que quieres con todo tu corazón. Pero hay un amor que solo se da a una persona, con la que compartirás toda tu vida: mesa y cama, casa y hacienda, presente y futuro. Además, en el mejor de los casos, tu cónyuge será también tu mejor amigo.

> Es increíble lo astutos y ingeniosos que son los seres humanos para rehuir la decisión definitiva.
>
> **SØREN KIERKEGAARD**
> (1813–1855), filósofo danés

B Prov 17,17
Y 402
CCE 2347
AL 123, 125

Los amigos pueden convertirse en cónyuges. Pero, si así ocurre, se traspasa una línea que antes estaba prohibida. La amistad es ya un camino exigente, pero cuando le dices a alguien «te quiero», estás dando un salto a un mundo nuevo. Esperas que la otra persona también dé ese salto… El camino de vuelta del amor a la amistad puede transitarse, pero a menudo es difícil y suele ir acompañado de heridas, al menos para una de las partes. A veces, ese tipo de «amistad» se mueve entonces en una zona difusa entre la esperanza y la decepción (relaciones intermitentes, etc.)

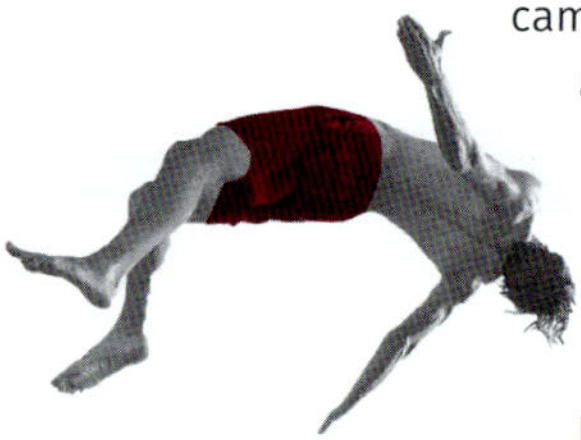

¿Tiene algo de malo conocer a alguien en Internet?

¿Y por qué no vamos a poder en la era digital conocer a alguien en Internet, o incluso buscar el amor de nuestra vida en un portal apropiado para ello? Con todo, solo en la vida real podréis descubrir si realmente encajáis el uno con el otro.

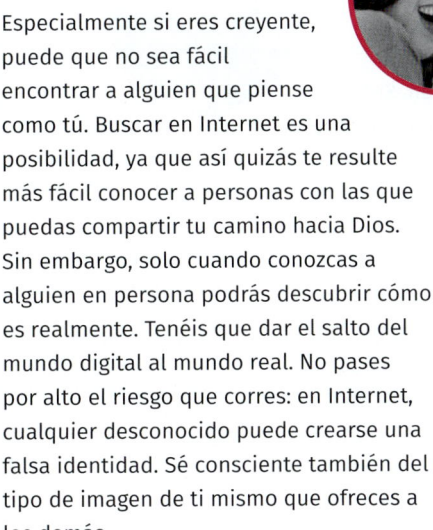

Especialmente si eres creyente, puede que no sea fácil encontrar a alguien que piense como tú. Buscar en Internet es una posibilidad, ya que así quizás te resulte más fácil conocer a personas con las que puedas compartir tu camino hacia Dios. Sin embargo, solo cuando conozcas a alguien en persona podrás descubrir cómo es realmente. Tenéis que dar el salto del mundo digital al mundo real. No pases por alto el riesgo que corres: en Internet, cualquier desconocido puede crearse una falsa identidad. Sé consciente también del tipo de imagen de ti mismo que ofreces a los demás.

Sí, puedes conocer a alguien por Internet, pero si quieres que la relación vaya más allá, lo importante es lo que ocurre cara a cara. A menudo, cuando te encuentras con alguien fuera de Internet, surgen otros sentimientos. Ten cuidado: la primera cita debe ser en un lugar concurrido y debes informar a tus padres, familiares o amigos. Nunca se sabe lo que puede pasar.

NADIA, Indonesia

¿Seré una persona plena si no encuentro pareja?

No encontrar a la persona adecuada no significa que tú no sea adecuado. Tú siempre eres una persona querida y amada a los ojos de Dios. Dios te acompaña en todo momento y desea que te desarrolles como persona. Confía en cómo Dios te guía. Entrégate ciegamente a Su dirección, pues representa una gran oportunidad y significa para ti una preparación durante ese periodo de espera y búsqueda.

Da un paso adelante con valentía: no busques más y haz que te encuentren. Si estás convencido de que es Dios quien guía tu vida, Él te mostrará la dirección correcta. Puede que la persona «correcta» aún no haya llegado, puede que entretanto tengas que madurar humana o espiritualmente. Pero también puede ser que tu búsqueda no obtenga resultado; mira entonces hacia arriba, donde encontrarás una mayor libertad y otras puertas que Dios te abre. Los periodos de espera son un gran momento para crecer en Dios, para acercarlo a ti en la oración y para gritar cada vez más fuerte en tu interior: «¡Señor, guíame! ¡Qué mejor cosa puedo hacer que entregarme a ti!». El tiempo de búsqueda nunca es tiempo perdido. Más adelante te beneficiarás de la cercanía a Dios que hayas adquirido durante este tiempo.

Lamentablemente, la cultura india suele menospreciar a las personas solteras. Sin embargo, la Iglesia reconoce una vocación en ser «soltero para Dios». Por eso, en las comunidades cristianas también deberíamos desarrollar una mayor sensibilidad hacia este tipo de vocaciones.

MARIA, India

¿Pueden realmente un hombre y una mujer ser amigos sin que surja entre ellos una relación sexual?

La amistad entre un hombre y una mujer es posible, pero no es sencilla y, a veces, incluso es como jugar con fuego. Y es que uno de los dos podría esperar algo más que una amistad.

Antes de encontrar al amor de tu vida, es muy bueno tener un círculo mixto de amigos donde poder conocer las peculiaridades de hombres y mujeres; en el que aprendas cómo unos y otros se aceptan mutuamente y en el que tengas la oportunidad de conocer a aquella que será tu complemento ideal. En una amistad entre un hombre y una mujer puede surgir muy fácilmente una tensión erótica. Por eso, ambos debéis estar seguros de que no se trata de «algo más», ni en el rincón más recóndito de vuestras almas. Pregúntate entonces qué es lo que sucede en tu interior: ¿cuánto tiempo paso con alguien que, supuestamente, es solo un «buen amigo»? ¿Podrían mis palabras despertar falsas esperanzas? ¿Hasta qué punto permito el acercamiento físico? ¿Podría entrar en todo momento una tercera persona en la habitación? ¿Puedo hablar abiertamente de esta amistad con mi cónyuge, mi madre o mi confesor?

B Prov 2,11–17 **CCE** 2347 **Y** 404 **DC** 2

> La amistad... apenas nos pone nerviosos: no te deja sin voz, no te acelera el corazón, no te hace ni sonrojarte ni palidecer.
> **C.S. LEWIS** (1898–1963), escritor irlandés

¿Qué pasa si el otro se enamora de mí, pero yo no de él?

Da por concluida la historia antes de que empiece.

Si ni siquiera puedes imaginarte tener una relación con esa persona, tienes que decírselo con sinceridad y franqueza. Y es que no debes permitirte disfrutar de la atención que te presta ni jugar con sus sentimientos. Ni siquiera el miedo a quedarte solo debe llevarte a hacer perder el tiempo a esa persona.

📖 QUE VUESTRO HABLAR SEA

SI, SI, NO, NO.

Mt 5,37

B Sans 5,12
CCE 2468
Y 455

¿Cómo puedo evitar el enamoramiento si no quiero enamorarme?

Estar enamorado significa que encuentras a alguien atractivo y fascinante, y eso no tiene nada de malo. No hay razón para juzgarte negativamente por ello. Todo depende, eso sí, de la situación en la que actúas. A veces hay razones de peso para no comprometerse con otra persona: por ejemplo, porque esa persona ya está casada, porque tú ya tienes pareja o porque simplemente quieres esperar para comprometerte en firme. Enamorarse no es una fuerza de la naturaleza. Tú decides si alimentas determinados sentimientos en ti. Si te sientes atraído, pero no es lo que quieres, evita el contacto. Si no es posible, reduce al mínimo el tiempo que pasáis juntos. También necesitas alejar tus pensamientos del asunto. Las ensoñaciones solo intensificarán tus sentimientos.

Unos cuantos consejos: Ten presente las razones por las que no debes acercarte a esa persona. Estas razones pueden servirte de apoyo cuando te resulte difícil mantener la distancia. No la felicites por su cumpleaños. Asegúrate de que no pueda dar contigo en Internet. Elimínala de tu agenda o incluso bloquéala. Borra las fotos que compartís. No la busques en Google.

Aprende a discernir a quién puedes dejar entrar en tu vida.
DORA, Croacia

¿Cómo puedo encontrar a alguien si excluyo tener sexo antes del matrimonio?

En algunas culturas no es fácil hoy en día por lo sencillo que es tener sexo sin compromiso. En cualquier caso, es mejor no buscar el amor en ese mercado, sino donde puedas encontrar gente que comparta tus ideales.

B 1 Cor 6,12–20
Y 407, 408
AL 283, 284

Las personas inteligentes no dejan el amor totalmente al azar. ¡No hay nada en contra de ir a la playa, a discotecas o a estadios de fútbol! Pero las posibilidades de encontrar allí al amor de tu vida son escasas. Piensa dónde hay personas que podrían compartir tus ideales. Ve allí, preferiblemente sin intenciones explícitas. Haz muchos amigos. Comprométete desinteresadamente. Muestra lo mejor de ti. Es entonces cuando el amor podría sorprenderte. Tienes buenas posibilidades, por ejemplo, entre los cristianos jóvenes y comprometidos. Y buscar en Internet tampoco es mala idea. Allí puedes presentarte tranquilamente con todo lo que es importante para ti. Eso ahuyentará a cientos de personas que son inadecuadas, pero quizá consigas fascinar a esa única persona que es la correcta para ti.

¿Cómo se puede resistir la presión social cuando se quiere esperar hasta el matrimonio para tener sexo?

«Estáis locos», dicen los medios de comunicación. La gente te mira raro. Algunos se ríen. ¿Cómo puedes seguir tu camino a pesar de todo? Una persona inteligente dijo una vez: «Dame un punto de apoyo y moveré el mundo». El punto desde el que puedes vivir tu ideal es la fe en Dios. Si eso es lo primero para ti y compartes tu fe con otros jóvenes cristianos, tienes el punto de partida más sólido que pueda imaginarse en el mundo. De lo contrario, acabarás haciendo lo que hacen todos.

Si hoy en día todo el mundo tiene relaciones sexuales, si se necesitan una media de tres citas para llegar a tener sexo y si hoy en día el 50% se acaba divorciando... ¡entonces no quiero ser como todo el mundo!

JOSHUA, Australia

Muchos actúan como si esperar a ser «una sola carne» (Gén 2,24), a que se den las condiciones para el matrimonio, fuera una postura totalmente extravagante. La Iglesia católica considera desde hace 2000 años que el matrimonio es el lugar más adecuado y correcto para la unión sexual entre un hombre y una mujer. Se trata de un «yo me entrego a ti, tú te entregas a mí». En sentido estricto, uno solo se puede entregar una vez. Esto es una postura muy sensata que protege a las personas de devaluar su amor.

B 1 Cor 15,58; Mt 6,33 **AL** 1181

Al dar el paso que va de la amistad a la relación amorosa, estás dando un primer «sí» que te responsabiliza frente al otro. Esto no significa que sea un «sí» definitivo que obliga a casarse, pero deberíais empezar a considerar esa posibilidad seriamente. Lo importante es ser fiel a ti mismo.

Sé tú mismo. No se trata de adaptarse, sino de que os complementéis con vuestras diferencias. Así que ten el valor de mostrarte tal y como eres. Examina también tus expectativas respecto a la relación. Una relación es algo maravilloso, pero no resolverá automáticamente todos tus problemas ni solventará todas tus necesidades.

Primero, ten claro qué valores son importantes para ti. Por ejemplo, si quieres tener una familia, no te comprometas con alguien que se niega a tener hijos. ¿Qué estilo de vida es esencial para ti? Si tu fe es importante para ti, no te comprometas con alguien que quiera alejarte de ella. Sé consciente de que hay tres cosas que las personas rara vez cambian: su carácter, la influencia que tienen de su familia y sus principios. Por eso, es importante hablar para comprender qué esperáis de la relación, qué es importante para vosotros y qué es lo que cada uno aporta a ella, para así poder sentar una base común.

> El amor a primera vista es tan fiable como un diagnóstico tras el primer apretón de manos.
> **GEORGE BERNHARD SHAW**
> (1856–1950), dramaturgo irlandés

B Fil 4,8 **AL** 210

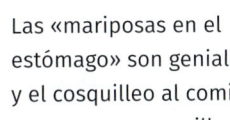

¿Son las «mariposas en el estómago» un signo seguro del amor?

No.

Las «mariposas en el estómago» son geniales, y el cosquilleo al comienzo de una relación amorosa es maravilloso. Las mariposas pueden permanecer, dormirse por momentos y volver también más tarde. Hay muchas más etapas por las que pasa el amor verdadero. El amor debe ser realista, sensato y decidido. Debe impregnar por completo también al otro: «Ya no se busca a sí mismo, sumirse en la embriaguez de la felicidad, sino que ansía más bien el bien del amado» (Benedicto XVI, *Deus caritas est* 6).

> **"** Puedes obligar a una persona a hacer cualquier cosa a punta de pistola. Lo único a lo que no la puedes obligar es a que te ame.
> **KARL-HEINZ MENKE** (*1950), teólogo alemán

B Jer 17,9, 1 Cor 13,8 402 **CCE** 1643 **AL** 163 **DC** 17

¿Existe el amor a primera vista?

Sí, existe. ¡Pero no pidáis todavía la tarta de boda! No os privéis de echarle un segundo vistazo a vuestro amor.

> **"** Mire quien votos perdurables hace si con su corazón cuadra el que elige; que la grata ilusión momentos dura, y el pesar del error eterno aflige.
>
> **FRIEDRICH SCHILLER** (1759–1805), poeta alemán

> **"** Así que prueba eternamente a ver quién se compromete…
>
> Malentendido que genera actualmente el poema de Schiller

Es algo que realmente ocurre: dos personas se cruzan por casualidad, reconocen con una seguridad intuitiva que están destinadas la una para la otra y, con el tiempo, se dan cuenta de que sí, de que encajan, ¿por qué no casarse? Sin embargo, eso es casi un pequeño milagro. Normalmente, una certeza tan fuerte se va forjando solo con el tiempo. El «amor a segunda vista» puede ser tan fuerte como el «amor a primera vista». Pero incluso si estáis seguros de ello de forma inmediata, tomaos vuestro tiempo para conoceros de verdad.

B Rom 12,2; 1 Tes 5,21–22 **CCE** 1738 **D** 56 **AL** 33 **DC** 6 **FC** 6

¿Pierdo la libertad si me comprometo en una relación?

No. Una relación amorosa no es una jaula ni una prisión. Pero la libertad tampoco consiste en mantener todas las puertas abiertas. Cuando uno se decide por una puerta concreta, cuando dice «sí» a una persona, esa libertad se transforma. La verdadera libertad significa decir «sí» de todo corazón a lo que es bueno, y eso es precisamente lo que ocurre en el amor.

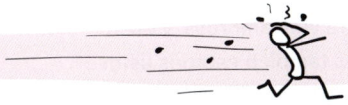

Queridos jóvenes, se aprende a elegir a través de las pruebas de la vida, y en primer lugar recordando que nosotros hemos sido elegidos. Este recuerdo debe explorarse y educarse. Hemos recibido la vida gratis, sin elegirla. No somos fruto de nuestra decisión, sino de un amor que nos ha querido.
PAPA LEÓN XIV,
Vigilia con los jóvenes,
2 de agosto de 2025

Dios nos ha dado la libertad para que la utilicemos, es decir, para que tomemos decisiones. No decidir, por ejemplo, entre el fútbol y la danza, hace que al final no sepamos ni jugar bien al fútbol ni bailar bien. Decidir significa desarrollarse. Sacar lo mejor de ti mismo, conquistar nuevos horizontes. Lo mismo ocurre con el amor, aunque eso signifique asumir responsabilidades, limitar tu propia libertad frente a los demás, hacer concesiones y ser consecuente.

B Sal 127,1

¿No se debería probar antes del matrimonio si se es compatible también en la cama?

No. Sin duda es importante tener intimidad física antes del matrimonio para descubrir si os compenetráis con ternura, pero no hay que entregarse por completo a alguien que quizá no sea la persona adecuada. Ciertamente, con el sexo por sí solo no descubriréis si sois el uno para el otro. La primera vez que se tiene sexo no es la mejor. Cuanto mejor os conozcáis, cuanto más profundamente confiéis el uno en el otro, más bonita y sincera será vuestra vida amorosa, y entonces también estaréis listos para hallarse a la altura el uno respecto del otro sexualmente. El sexo presupone el «sí» definitivo al otro. El sexo no es un punto de control al principio, sino el fruto de un largo camino de confianza.

Tener sexo real es muy diferente a lo que se ve en las series: te metes en una situación increíblemente íntima. No solo te desnudas físicamente. Te muestras desprotegido, dejas que te toquen. Lo último que necesitas en ese momento es a alguien que esté evaluando si eres el adecuado.

No se puede vivir solo por probar, no se puede morir solo por probar, no se puede amar solo por probar, no se puede aceptar en nuestra vida a una persona solo por probar y por un tiempo.

PAPA SAN JUAN PABLO II

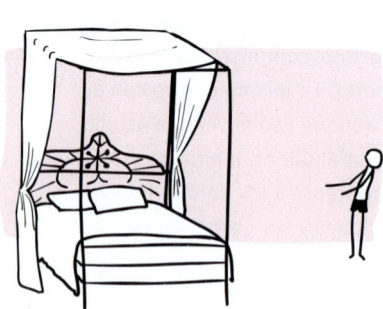

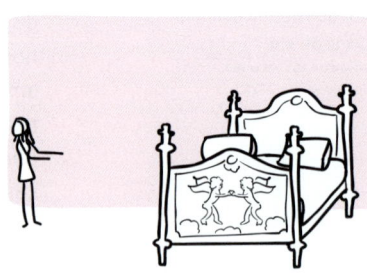

«Todo tiende a lo que se le parece» vs. «los contrarios se atraen», ¿cuál es la verdad?

Es una paradoja: ¡las dos cosas son ciertas!

Hay matrimonios que son buenos porque están definidos por una fuerte concordancia entre sus respectivas almas. Y hay matrimonios que son fascinantes porque su vitalidad y frescura proviene de una asombrosa diferencia. En la mayoría de los matrimonios hay una mezcla de ambos. La igualdad proporciona seguridad, tranquilidad y un sentimiento de confianza, pero también puede derivar en aburrimiento. La diferencia puede ser enriquecedora y abrir las puertas a algo nuevo, pero también puede generar inquietud y agobio. Los criterios decisivos son: la voluntad de respetar el ritmo y los afanes del otro, la prevalencia de un interés mutuo y la voluntad de crecer juntos.

¿Cuándo ha llegado el momento de empezar a pensar en casarse?

No hay una respuesta única a esta pregunta, ni para todas las personas ni para todas las culturas. Pero no cabe duda de que se puede decir lo siguiente: no os caséis ni atropelladamente ni titubeantes, ni para complacer a vuestros padres ni para liberaros de ellos, ni por ideales románticos ni por presiones externas, ni porque estéis esperando un hijo ni porque el reloj biológico marque la hora. Tampoco os caséis para ascender económica o socialmente. En resumen: casaos cuando ambos sepáis que es lo correcto...

Surge entonces un conocimiento seguro que no proviene de ninguno de los dos aisladamente. Entre vosotros, a través de vuestras conversaciones y oraciones, se fortalecerá una certeza. Aún podrán existir entonces mil obstáculos que os impidan de inmediato cumplir con vuestro deseo. Pero perseguiréis apasionadamente este objetivo y no permitiréis que nada ni nadie os aparte de él.

FLASH
8
LIGHT

El momento de casarse llega cuando los enamorados también han conocido sus defectos y debilidades y ambos están dispuestos a tolerarlos o a trabajar en ellos.

CHIBUEZE, Nigeria

¿Cómo puedo casarme viendo que los grandes amores se dan solamente en las películas?

¡Claro que existe el amor verdadero en la vida real! Fijaos en los héroes que de hecho existen: ¡matrimonios que llevan toda la vida encarnando un proyecto de la fidelidad! Sí, es bonito dejarse llevar por películas que nos llegan al corazón o nos hacen reflexionar. Pero no debemos confundir las series de televisión con la realidad. A veces nos presentan el gran amor como un drama plagado de sacrificios, otras veces como un atrevido adulterio. Lo que es el amor verdadero no lo descubriréis en las series. Vuestra propia película, en la que vosotros mismos seréis los protagonistas, será una aventura: la de dos personas que lo apuestan todo y se deciden definitivamente el uno por el otro.

El amor, la fidelidad, la entrega: todo esto son decisiones que se toman. Y Dios os dice: ¡es posible! ¡Podéis hacerlo! ¡Yo os ayudaré! Os regalo una bendición mayor que la de todas las novelas románticas y todas las películas cursis juntas. ¡No orientéis vuestro amor hacia las tendencias de los medios de comunicación! Confiad en Dios y vuestra vida será más emocionante y plena que cualquiera de esas películas.

> Pero, ¿y si la felicidad eterna realmente existe y solo nos está esperando? ¿Y si el ser humano puede alcanzar las estrellas después de todo?
>
> **C.S. LEWIS**

AL 36, 63, 124 **CV** 263–264 **DC** 17

> **¿Cómo puedo estar totalmente seguro de que estoy ante la persona adecuada?**

En casi ninguna otra etapa de tu vida deberías rezar con tanta intensidad como en la fase en la que eliges pareja. Dios realmente quiere que seas feliz. Él respeta tu libertad, pero al mismo tiempo te ayuda a reconocer si vas por el buen camino.

Pregúntate, por ejemplo:

➡ ¿Me acepta tal y como soy?
➡ ¿Puedo aceptar a mi pareja tal y como es?
➡ ¿La relación me hace sentir libre?
➡ ¿Me siento seguro?
➡ ¿Siento que el otro es para mí un regalo de Dios?
➡ ¿Puedo mostrarme vulnerable y débil ante la otra persona?
➡ ¿Puedo confiarle realmente todo al otro?
➡ ¿Podemos reírnos de las mismas cosas?
➡ ¿Podemos defendernos mutuamente ante otras personas?
➡ ¿Me siento atraído por el otro tanto física como mentalmente?
➡ ¿El otro respeta las cosas que son más importantes para mí?
➡ ¿Ambos nos esforzamos por comprendernos cada vez mejor y por recorrer este camino juntos?

Comprueba cómo trata tu pareja a su familia y quiénes son sus amigos

ANASTASIA, India

ESPECIAL

Prometerse es una antigua tradición que hoy se está redescubriendo, a veces por motivos superficiales («¡Guau! ¡Qué anillo más bonito! ¿Cómo fue la pedida?»). Pero hay razones de peso para prometerse.

Compromiso

Quien se promete, declara seriamente su intención de casarse. Al contrario de lo que se podría pensar, no se trata inmediatamente de planificar la boda, sino de iniciar una nueva e intensa fase para poner a prueba la relación. Esto también implica que es posible que la pareja acabe separándose y no se case.

Queridísima Emily:

Finalmente nos hemos prometido de hecho. Todavía no me lo puedo creer. Ya se lo hemos dicho a nuestros amigos. Se lo hemos dicho a la familia. Y me alegro de haber dado este paso. Me gustaría que las sensaciones fueran buenas y que nos diésemos el «sí, quiero» más sincero posible cuando nos casemos. Todavía eres libre. Todavía soy libre. Démonos este periodo de tiempo para comprobar seriamente si podemos decirnos desde lo más profundo de nuestros corazones: «Te amaré, respetaré y honraré todos los días de mi vida».
¡Te amo!

Tu Jens.

¿Qué pasa si mi pareja pierde constantemente su trabajo y ni siquiera es capaz de vivir con los pies en la tierra?

¡eh tu!

Si alguien se muestra inconstante en el trabajo y no demuestra ser fiable y estable, no se puede esperar que sea diferente en el matrimonio y en la familia.

El que es injusto en lo poco, también en lo mucho es injusto

Lc 16,10

Sin embargo, a veces necesita más tiempo para asentarse y encontrar su lugar en la vida. Es bueno analizar la situación con detenimiento y buscar consejo y ayuda externa, sobre todo si los problemas persisten durante un periodo prolongado. No obstante, si falta por completo la buena voluntad y no hay disposición ni capacidad para cambiar, no tiene sentido aferrarse a esa relación.

¿Cómo puedo terminar bien una relación?

Si te das cuenta de que vuestras personalidades, valores y objetivos son tan diferentes que constantemente hay roces y discusiones interminables, debéis hablar abiertamente entre vosotros. Eso no parece que sea la base para un buen matrimonio. Antes de que una relación difícil se alargue como un chicle, romped y hacedlo como es debido. «Como es debido» quiere decir: sin herir. No desapareciendo o dejando de contestar. No rompáis a través del móvil. No lo hagáis con un vago «quizás…». Al fin y al cabo, seguir con una relación a medias os quita a ambos la oportunidad de encontrar a esa «otra mitad» que realmente encaja con vosotros. Así que reunid las fuerzas necesarias para poner las cartas sobre la mesa y hacedlo en persona.

Saber lo que es correcto y no hacerlo es una cobardía.
CONFUCIO (551–479 v. Chr.), filósofo chino

Una conversación así puede herir profundamente, sobre todo si uno de los dos ya ha perdido la esperanza, pero el otro aún sueña en lo más profundo de su corazón con un futuro juntos. Es importante que en un momento así no os menospreciéis ni os hagáis reproches. No solo son pertinentes las frases explícitas como: «Deberíamos separarnos porque…». También debéis deciros cosas como: «Te agradezco…», «He aprendido a apreciar en ti…». No podréis evitar el mal trago, pero cuando el tiempo haya curado las heridas, recordaréis que os despedisteis de manera digna y honesta. Está absolutamente prohibido compartir posteriormente con terceros los aspectos más íntimos de vuestra relación.

FLASH **9** ♥ LIGHT

B Prov 4,23; Is 43,19

Si una relación me priva de Dios, ¿debo terminarla?

Dios es más importante que cualquier otra cosa. Si estás seguro de que esa relación te aleja de Dios, debes terminarla. Si existe la posibilidad de poder seguir viviendo tu fe o tu pareja incluso representa un incentivo para ello, entonces puedes arriesgarte.

" Cómo encontrar tu alma gemela sin perder tu alma
JASON Y CHRYSTALINA EVERT, terapeutas de familia estadounidenses, autores del libro homólogo

Antes de terminar una relación, hay que preguntarse si hay alguna forma de que Dios pueda entrar en ella. ¡Escucha atentamente en tu interior! Quizás Dios realmente te esté llamando para que lleves hacia Él a la otra persona. Pero recuerda: el «matrimonio» supone vuestra unión anímica, espiritual y corporal. Y no poder estar de acuerdo (por el momento) en un punto tan decisivo como este es un riesgo que solo puedes correr si tienes un vínculo constante con Dios.

Si amar te quita amor, algo falla.
MAURICIO Y JINA, España

B Dt 6,13–14; Lc 4,8; 1 Cor 7,12–14 **CCE** 2094–2096 **Y** 352 **AL** 228

¿Cómo detecto que el otro solo está jugando conmigo?

No se nota el primer día, ni el segundo, si alguien solo piensa en sí mismo y en su propio beneficio. Tampoco lo notarás por la intensidad de sus sentimientos. Es más bien al revés: si es paciente contigo, te consuela, te anima, te quita los obstáculos del camino, si superáis juntos las dificultades y perseguís proyectos de manera constante, te darás cuenta de que esa persona no es egoísta.

→ ¿Puedes fiarte de la otra persona? ¿O intenta apaciguarte siempre con excusas?

→ ¿Estáis al mismo nivel? ¿O te trata con condescendencia?

→ ¿Te acosa físicamente?

→ ¿Le interesa tu mundo? ¿Se preocupa por tus problemas? ¿Comparte tus sueños?

→ ¿Es la otra persona la que acude a ti, o eres siempre tú quien toma la iniciativa y es fuente de inspiración?

→ ¿Trabaja la otra persona solo para sí misma y para su propio porvenir?

→ ¿Cómo trata la otra persona a los niños, a los animales, a sus hermanos y a sus padres? ¿Es cariñoso, actúa con amor?

→ ¿Te da la otra persona sorpresas sin esperar nada a cambio?

→ ¿Podría esa persona amada esperarte si estuvieras ausente durante semanas, o incluso meses?

→ ¿Sabes si reza por ti?

Si la otra persona te ama de verdad, se esforzará por tu bien: rezará por ti todos los días, te será fiel emocional y físicamente, se esforzará por realizar un proyecto de vida contigo, te escuchará y te valorará.

JUAN DANIEL Y LUCÍA,
España

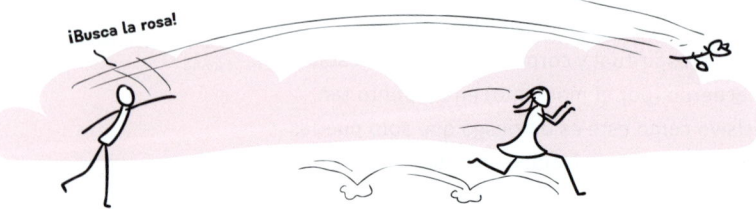

¡Busca la rosa!

B Mc 12,31; Gén 12,2b **CCE** 2414 **D** 54 **AL** 92

¿Qué pasa si estoy enamorado/-a de mi novio/-a, pero no me siento respetado por él/ella?

Si en el amor no sientes respeto, entonces no es amor, sino que se están aprovechando de ti: eres como un objeto que se puede usar cuando conviene y que se pisotea cuando no. En todo amor debe haber un respeto por la singularidad, la libertad y la dignidad del otro. Si no es así, hay motivo para pensar en separarse.

Todo el mundo conoce a mujeres que hablan mal de sus maridos y los menosprecian delante de los demás. No los respetan y, en realidad, tampoco los quieren de verdad. Todo el mundo conoce a hombres que mandan sobre sus mujeres, que quieren que solo sean sumisas y funcionales. En realidad, no sienten ni respeto ni amor por ellas. No en vano, ante el altar, el hombre y la mujer no solo se prometen amor, sino que se dicen: «Te amaré, respetaré y honraré todos los días de mi vida». Amarse y honrarse mutuamente son las dos caras de una misma moneda.

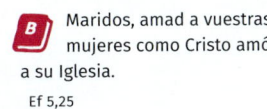

B Maridos, amad a vuestras mujeres como Cristo amó a su Iglesia.
Ef 5,25

B Rom 12,10; Ef 5,33; 1 Pe 3,7 **AL** 99, 156

Lo característico del amor es que libera para vivir y enriquece a los amantes: el amor saca lo mejor de ambos. Una relación es tóxica (=te envenena) cuando los amantes no se hacen bien, cuando se destruyen mutuamente, se vuelven dependientes y se menosprecian, o cuando uno de los dos se deteriora emocionalmente con el paso del tiempo. Una relación tóxica se reconoce sobre todo porque quita las ganas de vivir, el valor y las fuerzas y, en última instancia, porque quita más de lo que da.

¿Cómo detecto que una relación es tóxica?

Los ocho signos de una relación tóxica:

1 Sientes que algo no marcha bien a la hora de mostraros amor.

2 Sientes que la otra persona te aleja de tus amigos, tu familia y tu entorno.

3 Te sientes utilizado física, emocional o mentalmente.

4 Te sientes más feliz cuando estás solo.

5 Sientes que no puedes vivir de acuerdo con tus valores y que tu talento personal está oprimido y se atrofia.

6 Notas un agotamiento emocional, te sientes apático y vacío.

7 No sientes paz cuando rezas y notas que la otra persona te aparta de Dios.

8 Los demás te hacen comentarios sobre tu postura corporal o tu expresión facial. Perciben que tu alma está triste.

Tu pareja es tóxica cuando solo te permite estar a su sombra. Cuando te aísla. Cuando depende demasiado de ti. Cuando no quiere crecer. Cuando ignora sus errores. Cuando no te sientes cómoda en su presencia. Cuando te da miedo. Cuando no puedes imaginar un futuro con ella...

PABLO Y AMALIA, España

¿Cómo actuar correctamente si alguien quiere cortar conmigo?

Sufrirás porque algo que empezó siendo una gran esperanza ahora se ha roto. Estarás perdido, triste, enfadado, y eso va a durar un tiempo. No debes huir de estos sentimientos sumergiéndote en el trabajo, el alcohol, las series o una nueva relación. Tu alma necesita tiempo para recuperarse. Puedes superar el impacto de la ruptura, pero se necesita tiempo, amigos y reconciliarte contigo mismo para que las heridas cicatricen y sea posible un nuevo amor.

El amor verdadero es un regalo: se lo entregas al otro y esperas que te corresponda, pero no puedes obligarlo a ello. Si tu amor no es correspondido, tu regalo cobra valor precisamente por haber dejado la libertad al otro. Amar así puede ser la mejor preparación para aprender a amar de verdad. Por cierto, hay alguien que te hace este regalo día y noche: Dios.

JOHANN, Alemania

➡ ¡Habla, habla, habla! Ve con un amigo a un bar o al parque más cercano.

➡ ¡Protege tu corazón de las recaídas! Evita ir a lugares o ver cosas que te recuerden a tu ex.

➡ Pon orden en tus cosas, tira las que ya no necesites, haz algo con las manos: trabaja en el jardín, pinta tu habitación. Haz cosas normales y disfrútalas. Ve a una buena peluquería, a una maravillosa tienda de ropa, a una cafetería nueva.

➡ Repasa tu lista de contactos y llama a viejos amigos que no tengan nada que ver con tu relación pasada. Invítalos a comer, cocina algo para ellos.

➡ Quizás lo mejor sea hablar con un consejero espiritual si te resulta difícil perdonarte a ti mismo o a la otra persona.

¿Puedo seguir siendo amigo de mi ex?

¿Sería posible que tú y tu ex convirtierais lo que una vez fue amor en amistad? ¡Esta es una pregunta difícil! Para el matrimonio necesitas un corazón que no esté dividido. Desde el momento en que os dais el «sí, quiero» ante el altar, cualquier vínculo previo debe ser reubicado. Esto vale incluso para los padres, para hermanos y, en definitiva, para todas las relaciones sociales. Las amistades pueden seguir existiendo si nunca vuelven a ocupar en tu corazón el lugar que solo le corresponde a tu mujer o a tu marido.

La persona que te rompió el corazón no puede ser quien te lo cure. Tenlo en cuenta.

ANÓNIMO

«Por eso dejará el hombre a su padre y a su madre, y se unirá a su mujer, y serán los dos una sola carne. De modo que ya no son dos, sino una sola carne». (Mt 19,5-6) ¡Dejad a los padres! ¡Dejad a los amigos! Jesús no dice esto para que menospreciéis ciertas relaciones humanas. Lo dice para haceros conscientes y fortalecer el vínculo único que representa la pareja. Una relación pasada, que solo a medias quedó clara, puede convertirse en un factor de desunión en el matrimonio. Casarse significa a veces también una ruptura radical con el pasado.

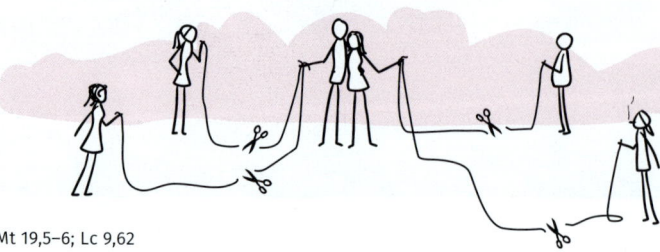

¿Cómo detecto que puede que tenga una vocación distinta?

Cualquier vocación viene siempre de Dios, ya sea para el matrimonio, para la vida en una orden o comunidad religiosa, o para la vida sacerdotal. Por eso, algo así solo puede identificarse escuchando a Dios.

B El Señor se presentó y llamó como las veces anteriores: «Samuel, Samuel». Respondió Samuel: «Habla, que tu siervo escucha».

1 Sam 3,10

Esto quiere decir que debes buscar el silencio, rezar, pedir consejo. Si estás vinculado a Dios, puedes estar seguro de que Él te guiará y te dará señales que te indicarán el camino a seguir. Quizás se te abran ciertas puertas y otras se cierren de forma sorprendente. Quizás estés con alguien, pero no encajáis como relación y convivís con la inquietud interior, la tristeza frecuente y la discordia. Es posible que estas sean señales de que aún no has encontrado tu vocación. ¿Podría ser acaso que te estuviera ocurriendo lo mismo que a Abrahán cuando oyó una voz? «Sal de tu tierra, de tu patria, y de la casa de tu padre, hacia la tierra que te mostraré» (Gén 12,1). Quizás Dios te esté diciendo: «Tengo en mente otras cosas para ti...».

B Mt 19,12 **CCE** 1618–1620 **Y** 265 **AL** 72 **GE** 172–173

¿Cómo detecto que debo retractarme de mi compromiso matrimonial, pese a que esto pudiera herir al otro?

Hay mil razones para mantener un compromiso: promesas, compasión, propiedades, las invitaciones de boda ya enviadas, comodidad, acuerdos familiares, reputación pública, dinero, miedo, querencia sexual. Todas estas razones no cuentan. Debes dejarlo si eres consciente de que a tu relación le falta algo esencial: la perspectiva de ser un matrimonio para toda la vida, feliz, exclusivo, fiel y abierto a tener hijos.

Escucha a tu instinto. Coméntalo con tus mejores amigos. Menciónalo en tus oraciones. Escucha a un consejero espiritual. Si durante la fase inicial del enamoramiento y el periodo de prueba posterior no has llegado a la tranquila certeza de que «esa persona es la indicada», no es que puedas dejarlo, no: es que tienes que dejarlo. Quizás tengas que reunir todo tu coraje para dar el paso definitivo. Quizás tengas miedo de que la otra persona se pueda hacer daño a sí misma, de que se venga abajo o de que puede arruinar su vida de alguna otra manera. Tú no eres el responsable de ello. Tienes que cortar de la forma más humana posible, pero no puedes permitirte el ahorraros el trance a ninguno de los dos, por mucho daño que le pueda hacer a la otra persona.

La intención con la que se permanece en una relación nunca debe ser llenar un vacío interior y escapar de la soledad.

SANDRA, Líbano

Tenéis sentimientos intensos, creéis que es amor y probáis con ello. Lo que era una aventura de una noche pronto se convierte en una de dos noches. Metéis todo en una maleta y os vais a vivir juntos, con la esperanza de que salga bien, sin grandes explicaciones, sin promesas, ni garantías. Pero amar significa darse un sí sin límites, un sí sin límite de tiempo y sin vuelta atrás. Un sí que vale si te toca la lotería o si llega un bebé sin que nadie lo espere. Pero es también un sí en el caso de que te arruines, de que enfermes o de que pierdas la razón. Un sí a lo adorable y a lo difícil, un sí para hoy, para mañana, para siempre. El amor sin esta promesa es un amor a medias, le falta lo más importante: la confianza y el compromiso.

Los amantes se atraen mutuamente. Eso es lo bonito. Lo difícil aquí es reconocer si eso es amor. El sexo no es la piedra de toque. Dios no es un chapucero y creó precisamente el cuerpo del hombre para la mujer y el cuerpo de la mujer para el hombre. Pero lo que requiere más indagación es la cuestión de si un hombre y una mujer son compatibles como personas. Esto solo se descubre poco a poco: atendiendo a las convicciones religiosas, políticas y morales, a los intereses, a la formación, al origen familiar, a los amigos... Si hay problemas, estos pueden ser fácilmente encubiertos al principio entre tantos placeres físicos. Irse a vivir juntos es fácil, separarse cuando las cosas se tuercen es, sin embargo, más difícil. A menudo, una pareja que ha convivido durante varios años acaba quedando abocada al matrimonio sin haberse elegido libremente.

> **¿Por qué irse sólo a vivir juntos no basta?**

> Cada encuentro sexual crea un vínculo; romperlo causa heridas emocionales, más o menos profundas en unos u otros. No era a mí a quien querías, sino a mi cuerpo, ese es el desengaño que siembra el veneno de la desconfianza en todos los amores futuros. Las heridas pueden cicatrizar, pero también las cicatrices insensibilizan y adormecen la parte de mí con la que debería poder entregarme de corazón y sin reservas, de forma que en el futuro solo daré una porción de mí, el 50 % o el 70 %, mejor no más, porque me podría volver a desengañar.
>
> **BERNHARD MEUSER** (*1953), autor alemán

¿Por qué no debemos tener sexo mientras estamos comprometidos si de todos modos nos vamos a casar?

Un compromiso no es todavía un matrimonio, sino un tiempo de prueba y discernimiento. Un compromiso se puede romper, el sacramento del matrimonio, no. El «sí» definitivo aún no se ha pronunciado. Aunque con el corazón ya se haya dicho el «sí», falta la solemne promesa ante Dios y los hombres. El sexo genera un vínculo que, justo en ese momento, está siendo puesto a prueba.

Las parejas que protegen la libertad del otro durante este periodo de discernimiento, en lugar de apresurarse a atarlo a nivel emocional y sentimental, actúan con inteligencia y coherencia. Solo cuando el otro es realmente libre puede tomar una decisión objetiva y a largo plazo. Por eso, hay que sentir admiración por las parejas que, incluso estando comprometidas, viven en la abstinencia.

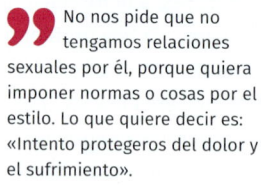

> No nos pide que no tengamos relaciones sexuales por él, porque quiera imponer normas o cosas por el estilo. Lo que quiere decir es: «Intento protegeros del dolor y el sufrimiento».
>
> **JUSTIN BIEBER** (* 1995), ídolo pop estadounidense

La esencia del amor verdadero es mostrarse al otro tal y como uno es, sin miedo y sin falsa modestia. Si no te das a conocer tal y como eres, no podrás entregarte por completo y tu pareja tampoco podrá apoyarte plenamente.

¿Me puedo reservar algo importante ante mi futuro marido/ futura mujer?

En el camino hacia el matrimonio, no debes ocultarle nada importante a tu futuro cónyuge. Esto incluye todo lo que te haya marcado profundamente a nivel personal:

➡ experiencias problemáticas durante la infancia
➡ relaciones anteriores
➡ contactos sexuales
➡ hijos ilegítimos
➡ abortos
➡ infertilidad
➡ negativa a tener hijos
➡ reveses del destino
➡ deudas
➡ falta de estudios
➡ fracasos profesionales
➡ posicionamientos religiosos (y no religiosos)
➡ enfermedades
➡ problemas psíquicos
➡ experiencias de violencia y abusos
➡ dependencias
➡ adicciones

A medida que crece la confianza, también podrán ser abordados los temas que son más difíciles. Ocultar algo deliberadamente es una manera de traicionar la confianza. Le estás haciendo creer a la persona que confía en ti que eres alguien que no eres. Ten valor. Sé sincero. El amor siempre perdona.

AL 107

¿Cuál es la mejor forma de lidiar con el pasado de la persona que amo?

¡Con total franqueza, interés y, sobre todo, con mucho amor! El otro se ha convertido en la persona que es ahora gracias a su pasado. Lo que ha vivido, experimentado y sufrido forma parte de él, de la persona que ahora acepto sin reservas y a la que entrego todo mi amor. Al contemplar sin miedo ni resquemor (y a la luz de Dios) también los extravíos y los errores de vuestras vidas, sentaréis una buena base para el futuro y podréis mirar hacia adelante con libertad.

En el camino hacia el matrimonio hay que hablar mucho para saber más de la historia del otro y, con ello, conocerlo mejor. Habrá muchos aspectos de la otra persona que nos gusten, pero también habrá otros que nos entristezcan e incluso nos desagraden. Allí donde el otro haya cometido errores, habrás de perdonar. Si le cuesta hablar de determinadas etapas de su vida, sé comprensivo y escúchale con atención. Alégrate de los momentos bonitos de su pasado y compadécete de los tristes. Así os acercaréis el uno al otro.

> Del perdón y la disculpa no se puede llevar cuenta y son infinitos... El perdón no tiene principio ni fin, ocurre cada día sin cesar, porque proviene de Dios
>
> **DIETRICH BONHOEFFER** (1906–1945), teólogo protestante y miembro de la resistencia contra el nacionalsocialismo

> A todo el mundo le gustaría ser Cary Grant, incluso a mí me gustaría serlo.
> **CARY GRANT** (1904–1986), Estrella de Hollywood

¿Puede el amor de una pareja superar sus diferencias culturales?

El amor, según dice la Biblia, «todo lo excusa, todo lo cree, todo lo espera, todo lo soporta» (1 Cor 13,7). Es cierto: el amor profundo y apasionado ha superado muchas veces todo aquello que separa. Sin embargo, el matrimonio es un proyecto a largo plazo. Sería ingenuo suponer que las diferencias culturales nunca pueden abrir una brecha en un amor verdadero. Las culturas proporcionan cobijo y seguridad, pero también a la larga pueden sernos ajenas y resultar asfixiantes.

El amor romántico siempre traspasa todas las «barreras» en un primer momento. Es parte de su esencia ser audaz y atrevido. Y, a menudo, las reticencias del entorno unen aún más a la pareja. No sería la primera vez que los matrimonios que ignoran estas barreras son realmente felices. Pero lo más frecuente es lo contrario. Uno de los dos debe mostrar una permanente empatía que le permita vivir en un mundo desconocido, adaptarse a otras costumbres familiares, a otros modelos educativos, a otras convicciones religiosas y a otras ideas sobre la autoridad y el deber. Si una pareja no afronta unida y a diario estas presiones externas, pueden surgir desavenencias que desgasten el matrimonio y lo aboquen al fracaso.

¿Qué puedo hacer si todavía dependo mucho de mis padres?

Estar fuertemente unido a tus padres por el amor es un tesoro que algún día transmitirás a tus hijos. Además, cuando te casas, no tienes por qué romper la relación con tus padres, ¡solo tienes que redefinirla! Para ello, primero, es necesario establecer una cierta distancia. Ahora, la persona más importante en tu vida es tu cónyuge. El amor de la pareja debe encontrar una forma propia. Tarde o temprano podrás disfrutar de otro tipo de cercanía con tus padres y tus hermanos.

,,
Muchos hijos tienen padres difíciles de educar.

JEAN-JACQUES ROUSSEAU (1712–1778), filósofo francés de la Ilustración

Si estáis casados, vuestra tarea en la vida será crear un hogar para vosotros y vuestros hijos. Incluso, llegado ese momento, debéis respetar a vuestros padres y tomar en serio sus consejos. Ellos os pueden ayudar a organizar vuestra vida, a encontrar un trabajo y a ser justos con vuestra pareja. Pero, en última instancia, sois libres. Algunos padres necesitan tiempo para acostumbrarse a la nueva situación y aceptarla. Si la relación con vuestros padres es sólida y estrecha, saldrá transformada después de esta fase de tensiones. Si los padres ignoran todo esto, bien se les puede recordar que sus hijos son seres libres. Pueden dar consejos, pero no tienen derecho a presionarles y a no respetar sus decisiones.

,,
En el matrimonio es importante respetar la jerarquía natural de las relaciones:
1. Dios
2. Cónyuge
3. Hijos
4. Otras relaciones (padres, familiares, amigos, vecinos, compañeros de trabajo, etc.)

LUCIA Y HANS-PETER HAUSER, Fundadores de www.liebeleben.com

¿Pueden nuestros padres prohibir que nos casemos?

No. No solo contradice la esencia del matrimonio, que solo puede celebrarse en libertad, sino que también contradice el artículo 16 de los Derechos Humanos, que establece: «Los hombres y las mujeres en edad de contraer matrimonio tendrán derecho a casarse y fundar una familia sin más restricciones de carácter racial, nacional o religioso. [...] El matrimonio solo puede celebrarse con el libre y pleno consentimiento de los futuros cónyuges». Sin embargo, es prudente tener en cuenta el consejo de los padres cuando este se basa en el amor y en la preocupación por el bienestar social, emocional y religioso de sus hijos.

> Es cierto que los niños deben respetar a sus padres, pero no es menos cierto que también los padres deben respetar a sus hijos y nunca deben abusar de su superioridad natural... ¡No hay que utilizar nunca la violencia!
>
> **ASTRID LINDGREN** (1907–2002), autora sueca de libros infantiles

CCE 2230 **AL** 18, 190

¿Se acabó el coqueteo cuando se está comprometido?

Hacer saber a otra persona con miradas, gestos o palabras que la encuentras atractiva, guapa, inteligente o adorable hace que la convivencia humana sea agradable y no tiene nada de reprochable. Sin embargo, sería una completa contradicción con el sentido de un compromiso matrimonial que el trato con personas del sexo opuesto estuviera acompañado, por ejemplo, de secretos pensamientos acerca de aventuras sexuales que dañarían la relación que se ha establecido.

A Dios le encanta que te arregles y que no te escondas. Por supuesto que es posible bailar, reír, abrazar a tus amigos, maquillarte y vestirte de forma atractiva, siempre y cuando todo ello sea expresión de tu alegría de vivir. Pero si lo haces para ligar con alguien, eso ya no está bien. La persona con la que estás comprometida debe poder confiar plenamente en que le eres fiel y en que ni por asomo estás poniendo a prueba vuestra relación.

B Cant 1,10–11

El
gran
día
ante el
altar

4

Lo importante
en la boda
y cómo se
desarrolla

Para la mayoría de las personas, el día de su boda es el día más importante de sus vidas. Y por eso debe ser también el más bonito. Durante meses, los novios (y todos aquellos que los acompañan) planifican lo necesario para que ese día sea inolvidable. Hay bodas que son sencillamente hermosas. Quedan en la memoria como una sinfonía romántica de colores, sonidos, aromas, gestos tiernos y rostros sonrientes. Todo esto converge en ese momento único ante el altar, en el que se dice:

«Yo, (nombre), te recibo a ti (nombre) como esposa/esposo y me entrego a ti, y prometo serte fiel en la prosperidad y en la adversidad, en la salud y en la enfermedad, todos los días de mi vida, hasta que la muerte nos separe».

A veces, la última parte de la frase se pierde entre las lágrimas de la novia o del novio. Pero este «...todos los días de mi vida» es más que un sentimentalismo.

Y demuestra al mismo tiempo que el matrimonio es mucho más que «el día más bonito de nuestras vidas». El vínculo que se establece ese día durará toda la vida. La boda no es solo una vez, sino que es para siempre, «hasta que la muerte nos separe». Es todo un reto celebrarlo cada día. Cuando los sentimientos románticos se desvanecen, y eso puede suceder muy rápido, es cuando empieza lo realmente emocionante. Quizás entonces algunas parejas consideren la

indisolubilidad del matrimonio como una invención especialmente cruel de la Iglesia. Pero quienes lo entienden realmente, empiezan a guiarse como pareja por la tarea que implica ese «tú y solo tú para siempre».

Por cierto, esta indisolubilidad no es una simple invención de la Iglesia. Se remonta a una frase de Jesús y enlaza con lo que es el núcleo del sacramento del matrimonio. ¿Qué dijo Jesús? Jesús, recordando una vez más a sus oyentes ese «y serán los dos una sola carne» (Gén 2,24) del relato de la Creación, pronuncia estas dos desafiantes frases: «De modo que ya no son dos, sino una sola carne. Pues lo que Dios ha unido, que no lo separe el hombre» (Mt 19,6). ¿Está siendo Jesús extremadamente estricto con nosotros? No, miradlo desde este otro punto de vista: Jesús tiene una idea increíblemente grande del amor y confía realmente en nosotros. El amor verdadero no pone límites de tiempo. Quien ama, ama para siempre.

Este capítulo es una invitación a que no consideréis el núcleo del matrimonio sacramental, su indisolubilidad, como una carga que hay que aceptar, sino como lo que realmente es: una promesa de felicidad que nos hace Dios con la que nos dice «¡No tengáis miedo! ¡Podéis hacerlo! Yo os ayudaré».

Antes de entregarse a alguien, encontraremos cosas que hay que tener en cuenta. De hecho, no hay periodo más apasionante que el que va desde el primer encuentro hasta el altar. En este capítulo abordaremos las preguntas, dudas y problemas que se os plantearán cuando emprendáis este camino juntos sin saber si os llevará a uniros para siempre o si Dios tiene otros planes para vosotros.

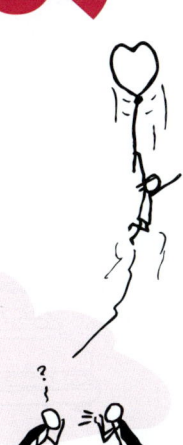

Haha...!
Haaaahaha
hihihihohoho

¿No podemos simplemente amarnos como pareja sin llegar a casarnos?

El amor tiene una dinámica interna que te lleva a hacer algo muy loco: entregarte a otra persona. Y te sorprenderá que la otra persona también se entregue a ti por completo. «Amarse sin más» es lo que realmente significa casarse. Significa afianzar el amor y convertirlo en algo firme, significa que los dos se tomen la palabra. Yo soy tuyo y tú eres mía, y no nos arrepentiremos. Si además sois cristianos, la dinámica del amor os llevará por sí sola a Dios.

Si tienes una relación con alguien y siempre quieres estar con esa persona pero, aun así, no tienes planes de casarte, ¿entonces por qué tienes una relación?

ANGEL, Filipinas

> Hoy en día suele ocurrir que primero tienes sexo. Luego llega un hijo. Después conoces bien a la otra persona. Luego te des-enamoras. Y al final le dices a tus amigos por el móvil que «pese a todo seguiremos siendo buenos amigos».
>
> De YOUCAT-Catequesis

En hebreo, la palabra «amar» significa «hacer el bien». Puede que uno se sienta bien por el momento cuando simplemente ama sin más. Pero, ¿se hace el bien al otro cuando se dejan las cosas en un estado provisional de forma permanente? Poco a poco, en la mente se va gestando algo que no es compatible con el amor: pensamientos secretos de abandono, esperanzas ocultas de que la otra persona esté dispuesta a comprometerse de forma duradera, mientras que esa otra persona quizá esté pensando si no habrá algo mejor. Solo cuando os digáis definitivamente «sí» ante Dios os liberaréis de esas dudas. Esa seguridad no solo os proporcionará un marco de acción protegido, sino que se lo proporcionará también a vuestros hijos.

El amor verdadero busca estabilidad y seguridad, quiere apostarlo todo, entregarse por completo y ser aceptado por el otro tal y como es.

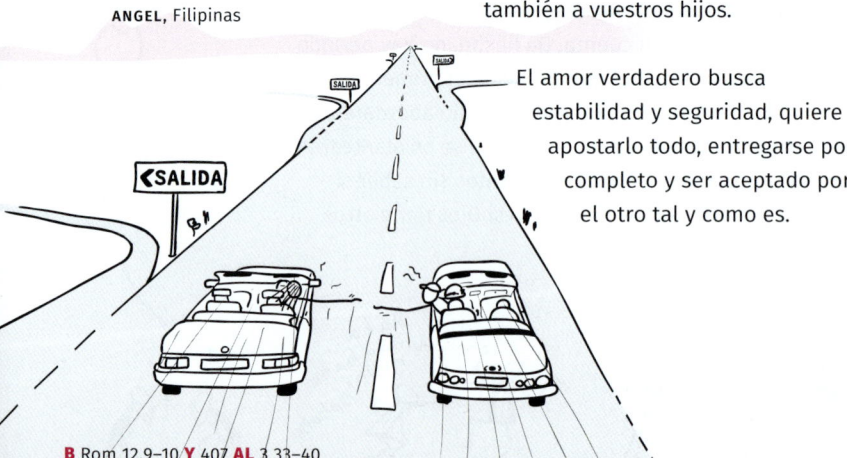

B Rom 12,9–10 **Y** 407 **AL** 3 33–40

¿Qué cambia cuando uno se casa por la Iglesia?

Con el sacramento del matrimonio, algo realmente nuevo llega al mundo a través de vosotros. Como personas, seguís siendo diferentes, pero ya no sois dos. En lo más profundo, vosotros, creados por Dios, os convertís en una unidad invisible para los ojos, en «una sola carne», dice la Biblia (Gén 2,24). Este misterio de la fe prevalece sobre todas esas otras cosas que puedan ser nuevas para vosotros y para los demás, incluso sobre la decisión libre, consciente y pública de comprometeros el uno con el otro.

«Por eso dejará el hombre a su padre y a su madre, y se unirá a su mujer, y serán los dos una sola carne» (Mt 19,5). El papa Francisco subraya en *Amoris laetitia* lo profundo que es el término bíblico «unirse». Según el papa, designa «una estrecha sintonía, una adhesión física e interior, hasta el punto que se utiliza para describir la unión con Dios. [...] El fruto de esta unión es 'ser una sola carne', sea en el abrazo físico, sea en la unión de los corazones y de las vidas y, quizás, en el hijo que nacerá de los dos, el cual llevará en sí, uniéndolas no sólo genéticamente sino también espiritualmente, las dos 'carnes'». (AL 13)

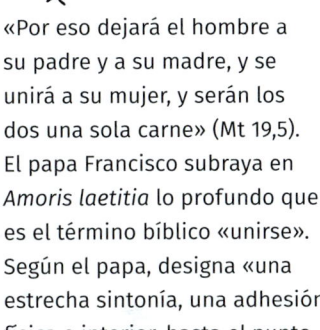

Antes de casarnos, intentamos conocernos mutuamente. Pasábamos tiempo juntos, rezábamos, nos divertíamos, hablábamos de esto y aquello... y estábamos deseando casarnos y descubrirnos el uno al otro cómo somos en la intimidad. Nos casamos. De repente, tuvimos que aprender a amoldarnos a lo que era diferente en el otro, tuvimos que hablar, que mejorar nuestra relación cada día. ¡Y el sexo era tan diferente al de las películas!

JEREMIE Y GWENAËLLE, Francia

B Gén 2,24 **Y** 402 **AL** 13, 73, 161 **CV** 261 **FC** 12

¿En qué consiste exactamente el sacramento del matrimonio?

El sacramento del matrimonio es una unión para toda la vida en la que se embarcan tres personas al mismo tiempo: un hombre, una mujer y Dios. El hombre y la mujer se unen en un amor que es más grande que el que los seres humanos pueden darse unos a otros. Con la fuerza de Dios, deciden amarse con absoluta fidelidad, respetarse y honrarse mutuamente, y aceptar a los hijos que Dios les quiera dar.

Prometer un amor para siempre es posible cuando se descubre un plan que sobrepasa los propios proyectos, que nos sostiene y nos permite entregar totalmente nuestro futuro a la persona amada.
PAPA FRANCISCO, *Lumen fidei* 52

Cada sacramento es un signo visible de una acción invisible de Dios en el mundo: en el amor que se tiene la pareja y en el que dan a los demás se hace visible el amor de Dios. Dentro del mundo, dos personas intentan amarse como ama Jesús. La Iglesia llama «gracia» al combustible que sirve para esta tarea sobrehumana. Con su ayuda, el hogar de la pareja y su relación pueden convertirse en un lugar donde el amor de Dios se hace palpable. Los primeros en sentirlo son sus hijos. Este amor también se extenderá a los vecinos y será perceptible para los amigos. A través del sacramento del matrimonio Dios quiere que la mujer y el hombre sean una bendición el uno para el otro y también para el mundo.

B Dios es amor, y quien permanece en el amor permanece en Dios y Dios en él... No hay temor en el amor, sino que el amor perfecto expulsa el temor... Nosotros amemos a Dios, porque él nos amó primero.
1 Jn 4,16.18–19

¿De qué me sirve el sacramento?

El amor verdadero es la marca exclusiva de Dios. Él no lo guarda para sí mismo, sino que lo comparte con vosotros, especialmente en el sacramento del matrimonio. Un amor siempre renovado fluye sin interrupción en vuestra vida común, incluso cuando vuestras reservas de amor lleguen a agotarse. Si el Dios vivo tiene un lugar dentro de vuestras vidas y de vuestro amor, tendréis la fuerza necesaria para soportar las dificultades de la vida cotidiana, para perdonaros mutuamente, para levantaros cada vez que os caigáis y para amaros con ternura y fecundidad.

Cuando un hombre y una mujer contraen matrimonio ante Dios, su Creador desempeña un papel muy importante: Dios mismo es el origen y el modelo del matrimonio. Él os ha creado el uno para el otro. Y al convertiros en «una sola carne», ya sois, en cierto modo, una señal que apunta hacia Dios. Seguís siendo aquel hombre, aquella mujer; y, sin embargo, en lo más profundo de vosotros os habéis convertido ya en una unidad indivisible que se hará fecunda en el amor. De este modo, reflejáis a Dios mismo, que es un misterio inconcebible (y no un anciano tras las nubes). Dios es uno y al mismo tiempo tres, pero en sí mismo es también una comunidad, un flujo eterno de amor entre el Padre, el Hijo y el Espíritu Santo, una creatividad sin fin. Este sacramento significa que el amor de Dios se deja sentir y se hace tangible en vuestro amor. Pero esto no ocurre automáticamente. Debéis vivir vuestro amor con Dios, presentarle vuestros planes, contarle vuestras preocupaciones y problemas por medio de la oración, escucharle en silencio. La lectura de la Sagrada Escritura os ayudará a dar protagonismo a Dios dentro de vuestro amor.

B 1 Jn 4,16–19 **CCE** 1602–1605, 1642 **AL** 73f. 292 **CV** 263

¿Cómo puedo decir «sí» de una forma nueva si he tenido relaciones antes?

> Algunos dicen: «He hecho demasiado mal. Dios no puede perdonarme». Eso es una grave blasfemia. Significa poner un límite a la misericordia de Dios. Pero ella no tiene límites: es infinita.
>
> **JEAN-MARIE VIANNEY**
> (1786–1859), párroco de Ars

Solo Dios es perfecto: los seres humanos somos criaturas sumamente imperfectas. De lo contrario seríamos Dios y no necesitaríamos un redentor. Ciertamente, uno entra hipotecado al matrimonio si antes ha estado haciendo como que «estaba casado» sin haber llegado a cumplir realmente con la promesa implícita en su cuerpo. Sin embargo, Dios te acepta tal y como eres, y está dispuesto a renovarte tan profundamente que podrás entrar en el matrimonio con un corazón puro impulsado por su gracia.

Cuando te casas, empiezas una nueva etapa en tu vida. Lo más justo para tu futuro marido o mujer es que dejes atrás tu pasado y tal vez incluso te confieses y cuentes todo lo que has hecho hasta ese momento en tu vida. Sobre todo, te ayudará a ti mismo a deshacerte de viejas deudas y antiguas cargas. Toda relación sexual, por efímera que haya sido, queda grabada en la película de tu vida. Si tu matrimonio entra en crisis, los recuerdos de antiguos y «mejores» amores podrían asediarte, o podrías sucumbir al sueño de que aún podría llegar otro amor más estimulante.

FLASH 10 ♥ LIGHT

Hay un dicho que dice que «todos los santos tienen un pasado y todos los pecadores tienen un futuro». No hay nada que Dios no pueda perdonar. Aunque hayamos hecho cosas malas en el pasado, Dios nos está esperando y quiere perdonarnos y liberarnos

LUDMILA, Brasil

Brevísima definición del matrimonio en el mundo

TÚ SOLAMENTE

TÚ PARA SIEMPRE

HIJOS CONTIGO

TODO POR AMOR A TI

¿Por qué se separan tantas parejas, pese a estar casadas por medio de un sacramento?

El sacramento no es un acto mágico que hace que el amor se vuelva infinito, ni tampoco un automatismo por el cual Dios nos dispensa de los esfuerzos requeridos o evita todo fracaso humano. El sacramento del matrimonio es un regalo de Dios que hay que aceptar con fe y que tenemos que desenvolver para llegar a comprenderlo.

> **Si rezáis juntos, pemaneceréis unidos y os amaréis como Dios os ama a cada uno de vosotros.**
>
> **SANTA MADRE TERESA** (1910–1987)

Un regalo al que hay que insuflar vida para poder sentir su fuerza. Por eso, recibir el sacramento no es garantía de que un matrimonio vaya a funcionar, si bien es verdad que los matrimonios celebrados con conciencia de su carácter sacramental fracasan con mucha menos frecuencia que los demás.

Dios podrá desplegar su poder con vosotros si le dais un espacio día tras día dentro de vuestro matrimonio... Quizás los siguientes consejos os puedan ayudar:

➡ Rezad juntos con regularidad, recibid los sacramentos.
➡ Confiadle vuestras decisiones y vuestros planes.
➡ Pedidle ayuda cuando tengáis problemas.
➡ Dadle las gracias por todo lo bueno que hay en vuestra vida.
➡ Vivid en casa las liturgias del año.
➡ Actualizad de forma continuada vuestras promesas matrimoniales.

Si Dios realmente está con vosotros, seguro que podréis atravesar aguas muy turbulentas. Cuanto más aumentan las tasas de divorcio, más claro deberíais tener lo mucho que necesitáis a Dios para tener éxito en vuestro matrimonio.

B Éx 17,11–13 **Y** 264 **CCE** 1606–1608 **AL** 19, 209

¿Cuál es la diferencia entre una boda por la Iglesia y una por lo civil?

Dos personas que se casan ante un representante del Estado pactan un contrato que regula los derechos y obligaciones de los cónyuges. Según la ley, dicho contrato puede disolverse mediante el divorcio. En el matrimonio religioso, el hombre y la mujer se unen ante Dios. Su unión es indisoluble.

De este modo, los esposos son consagrados y, mediante una gracia propia, edifican el Cuerpo de Cristo y constituyen una iglesia doméstica.
PAPA FRANCISCO, AL 67

El Estado tiene interés en que las células más pequeñas de la sociedad —el matrimonio y la familia— estén bien reguladas y protegidas legalmente, ya que una sociedad que quiera funcionar dependerá de la vitalidad y la fuerza que le proporcionen estas células. Por eso, el Estado apoya a las personas que asumen responsabilidades duraderas entre sí y respecto a sus hijos. La Iglesia ve en el matrimonio mucho más: ve una vocación propia, al igual que es una vocación, por ejemplo, ser sacerdote o religiosa. El matrimonio sacramental es también la célula más pequeña de la Iglesia. Junto con sus hijos, el hombre y la mujer deben edificar una «iglesia doméstica». El matrimonio es una vocación propia que se da en el seno de la Iglesia.

> El matrimonio rato y consumado no puede ser disuelto por ningún poder humano, ni por ninguna causa fuera de la muerte.
> **CIC** (Codex Iuris Canonici, libro de derecho canónico), can. 1141

Y 271, 425 **CCE** 1655–1657
AL 67, 293 **FC** 82 **LG** 11

Del matrimonio se dice que es una «alianza», ¿es esto lo mismo que un «contrato»?

La alianza que Dios establece con nosotros difiere fundamentalmente de los contratos que los seres humanos acuerdan entre sí. Una alianza como la que Dios estableció con Abrahán, Noé o Moisés es un compromiso integral y personal; es profunda e indisoluble; no cesa ni siquiera cuando la parte humana traiciona su compromiso.

Una alianza como la que se establece en el bautismo es eterna; Dios no nos abandona, aunque nosotros le abandonemos a Él. Un contrato, por el contrario, es un acto jurídico que se celebra mediante una declaración de voluntad recíproca, tiene una vigencia determinada y puede rescindirse de forma unilateral o de mutuo acuerdo.

Un contrato es algo puramente jurídico. Sin embargo, la unión matrimonial está ahí para reflejar el amor inquebrantable de Dios entre los seres humanos.
DOUGLAS Y VIVIAN,
España

FLASH **11** *LIGHT*

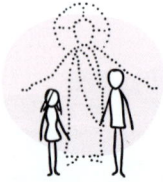

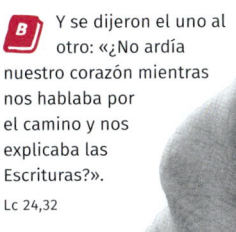

Y se dijeron el uno al otro: «¿No ardía nuestro corazón mientras nos hablaba por el camino y nos explicaba las Escrituras?».

Lc 24,32

¿Qué quiere decir que el matrimonio es imagen de Cristo y de su amor a nosotros?

La Biblia hace algo increíble: compara el amor entre un hombre y una mujer con el amor de Cristo por nosotros. Lo que se nos quiere decir con esto es lo profundo que es el matrimonio entre un hombre y una mujer. Cristo nos amó más que a su propia vida. Por el poder del sacramento, podéis amaros de tal manera que, en el amor hacia vuestro cónyuge, experimentéis algo del amor que Dios nos tiene.

En el día a día del matrimonio, quizá pienses que vuestro amor es algo trivial, pero en realidad con él se os abre el cielo. Dios nos ama incondicionalmente. Y tú también le abres un pedazo de cielo al otro cuando dices: «Prometo serte fiel en la prosperidad y la adversidad, en la salud y en la enfermedad, todos los días de mi vida». Podéis confiar en que Dios os dará la fuerza para vivir algo así, hora tras hora, día tras día, sin temor a no estar a la altura. Cuando el otro me aguanta a pesar de las pequeñas y las grandes cosas que me hacen insoportable, me hago una idea de lo que significa que Cristo haya llevado la cruz por nosotros. Incluso si vuestro matrimonio llega a un punto crítico (acercándose quizá a un punto muerto), Cristo puede daros una posibilidad de reconciliación y paz, y puede hacer que vuestro amor reviva de manera que vuelvan a enardecerse los corazones.

B Gén 1,27; Ef 5,25–33 **CCE** 1616, 1617 **Y** 64, 193, 260, 263 **FC** 13 **HV** 8

> **¿Cuándo se convierten dos personas en un matrimonio de verdad: en la iglesia o en la noche de bodas?**

El matrimonio implica ambas cosas: la promesa eterna ante Dios y la unión física entre el hombre y la mujer, en la que ambos se convierten en «una sola carne» (Gén 2,24). En los casos en que se haya hecho la promesa, pero no haya podido tener lugar la unión física, la Iglesia puede esgrimir que no se ha producido un matrimonio indisoluble, pues los cuerpos realmente no han llegado a fundirse.

En la Iglesia hay una palabra curiosa: se dice que el matrimonio debe «consumarse». Con ello se quiere hacer referencia a algo que engloba muchas cosas: el pacto, la promesa, las buenas intenciones…, pero todo eso no es suficiente. También debe producirse una unión física. Aunque la pareja ya esté realmente casada antes de acostarse, su boda aún no se ha consumado por completo. La importancia de esta «consumación» para el matrimonio queda patente en una especial cláusula de excepción del derecho canónico: antes de que haya tenido lugar esa consumación, bajo ciertas condiciones se puede declarar oficialmente la nulidad del matrimonio, si al menos uno de los cónyuges lo solicita.

> Si cada día te decides por tu pareja, a pesar de sus defectos y errores, entonces estás casado en el sentido más literal de la palabra.
>
> **GAURAVI**, India

¿Por qué no se casó Jesús?

No se casó, pero tampoco se veía a sí mismo como un soltero. Cristo quiere unirse a nosotros con su amor como un novio a su novia. Se compromete para siempre, funda una nueva familia, la Iglesia, y da su vida por ella. Por eso no pudo unirse a una sola persona.

En el Reino de Dios, todos los seres humanos serán una sola familia: hermanos e hijos de Dios. En la vida de Jesús, esta nueva familia ya existe. Quien hace la voluntad de Dios es para él «hermano y mi hermana y mi madre» (Mc 3,35). Jesús mismo no se casó, sino que vivió «para el Reino de los Cielos» (cf. Mt 19,12). La Iglesia exige también una vida así a quienes representan a Cristo en el altar, los sacerdotes. Sin embargo, Jesús no era un misógino ni un revolucionario que quisiese abolir la institución del matrimonio. Al contrario: él mismo afirma que el matrimonio se creó para bien y que era algo deseado por Dios: «Lo que Dios ha unido, que no lo separe el hombre» (Mc 10,9). Solteros y casados tienen vocaciones diferentes, pero ambos hacen visible la nueva familia en el Reino de Dios: el soltero, renunciando a una familia terrenal y viviendo totalmente para Dios; el casado, «haciendo la voluntad de Dios» y estando así totalmente disponible con su fe para esa familia de los hermanos.

No hay judío y griego, esclavo y libre, hombre y mujer, porque todos vosotros sois uno en Cristo Jesús. Gál 3,28

Jesús dio su vida no por su propia familia: la dio por toda la humanidad.
MAJA, Croacia

B Mt 19,12 **CCE** 796, 1618 **Y** 127 **AL** 161

¿Podemos celebrar el sacramento de manera privada, solo para nosotros?

Para que el vínculo sea válido, es muy importante que se celebre públicamente y ante testigos. El IV Concilio de Letrán (1215) prohibió todo matrimonio que no fuera público.

Se hizo así para proteger especialmente a las mujeres, para que sus maridos no se arrepintieran más tarde de su promesa matrimonial. Pero también hay otras razones: vosotros mismos sentís que es algo muy importante reunir a todas las personas que significan algo para vosotros en ese momento tan decisivo de vuestra vida en común. El sacerdote ante el que contraéis el sacramento del matrimonio representa a toda la Iglesia y deja claro que vuestro matrimonio es una llamada de Dios y una manera de vivir propia de la Iglesia. Se podría decir también que es algo que se celebra al mismo tiempo en la tierra y en el cielo.

Y 266
CCE 1631
CIC 1108

¿Podemos casarnos por la Iglesia con un cristiano no católico?

Sí. Aunque tu prometido pertenezca a otra confesión cristiana, podéis casaros por la Iglesia católica.

Si vuestro marido o vuestra mujer han sido bautizados en otra confesión cristiana, por ejemplo, la protestante o la ortodoxa, se puede solicitar una autorización para contraer matrimonio entre personas de diferentes confesiones. Sin embargo, en principio estáis obligados a casaros según el rito católico. Por lo tanto, si deseáis casaros con alguien de otra confesión, que el sacerdote que va a oficiar la boda simplemente os informe previamente sobre los pasos que debéis seguir. La diferente perspectiva que pueda tener la otra persona respecto de Dios no os ha de asustar, sino que más bien os ha de servir de inspiración. Un matrimonio mixto puede convertirse en un matrimonio que une las distintas confesiones. Pero también puede llevar a que, con el tiempo, ninguno de los dos encuentre cobijo en la fe. Es importante que aprendáis a daros espacio el uno al otro para poder vivir vuestra fe con libertad. Con todo, el cónyuge que es católico tiene la obligación de bautizar a los hijos en la fe católica y educarlos según ella en la medida de lo posible.

Y 267 **CCE** 1633–1637 **CIC** 1059, 1124–1127
AL 73, 247–248 **FC** 78

> ¿No hay nada más preciado para ti que el tesoro de tu fe? Entonces, desde el principio, asegúrate de que tus hijos sean bautizados y educados en la fe católica. Como católico, puedes exigir a tu cónyuge no católico que no te ponga obstáculos para vivir tu fe con alegría y libertad.
>
> **JERONIMO**, Brasil

¿Puedo casarme por la Iglesia con alguien de una religión no cristiana?

En principio, es posible. Sin embargo, hay que ser plenamente consciente de los problemas que esto conlleva: precisamente cuando ambos se toman en serio su fe, es casi imposible llevar una vida espiritual en común. A esto se suman las diferencias culturales y las diferentes concepciones del matrimonio, que a menudo son incompatibles.

Si eres no musulmán y deseas casarte con un musulmán, en algunos países no tienes más remedio que abandonar tu fe y convertirte al islam. Se trata de una ley estatal que, lamentablemente, debes cumplir o, de lo contrario, deberás renunciar a tu nacionalidad.

JOSEPHINE, Malasia

Un católico puede casarse con alguien de otra comunidad religiosa con una autorización especial del obispo, incluso si la persona desea mantener sus creencias no cristianas. El matrimonio debe celebrarse, sin embargo, según el rito católico. Hay que pensar bien si el amor apasionado del principio será capaz de salvar durante toda la vida las profundas diferencias entre personas de credos tan distintos. Lo que para un cristiano es más o menos evidente o deseable, puede no serlo en absoluto para un miembro de otra religión y cultura: por ejemplo, la total igualdad en la relación entre el hombre y la mujer, el profundo respeto mutuo, la educación de los hijos como cristianos, la alta estima por la libertad y la aceptación recíproca, la inquebrantable fidelidad entre ambos, la indisolubilidad del matrimonio...

> Sin embargo, el derecho islámico tradicional facilita enormemente al marido este tipo de divorcio: según él, el matrimonio se puede considerar divorciado cuando el hombre ha pronunciado tres veces una simple fórmula de repudio frente a su mujer.
>
> Secretaría de la Conferencia Episcopal Alemana

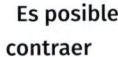

¿Puedo casarme por la Iglesia con alguien bautizado que no cree en Dios?

Es posible contraer matrimonio sacramental con tal de que tu pareja esté bautizada. El sacramento del matrimonio tiene una particularidad con respecto a los demás sacramentos: Cristo, nuestro Señor, ha elevado incluso la unión matrimonial natural a dignidad sacramental. Por esta razón, el deseo de dos personas bautizadas de casarse y dedicar toda su vida a un amor indisoluble y fiel ya muestra una apertura a la acción de Dios, aunque no sean plenamente conscientes de ello.

Puede suceder que un bautizado no haya sido acompañado en el camino para conocer y vivir su fe, o que esta le haya resultado indiferente. Pero todo bautizado permanece para siempre en Cristo. Solo Dios conoce la fuerza o la debilidad de la fe de una persona. El Espíritu Santo puede actuar en una persona sin que esta lo sepa (cf. Mt 21,28-32). Precisamente porque las características naturales del amor conyugal se viven y se apoyan con el testimonio del cónyuge creyente, una persona no creyente puede abrirse al redescubrimiento de su fe. Sin embargo, no debe subestimarse cómo, en la cultura actual, precisamente la falta de fe puede debilitar la visión del matrimonio natural. Si el cónyuge no creyente no aceptara los elementos esenciales del matrimonio natural, entonces ese matrimonio no se celebraría realmente, lo que significa que sería «nulo y sin efecto».

B Pues el marido no creyente se santifica por la mujer y la mujer no creyente se santifica por el hermano.

I Cor 7,14

B Mt 21,28–32 **CIC** can. 1099 en conexión con 1096; can. 1101 § 2 en conexión con 1055 y 1056

> **¿Puedo desvincularme del matrimonio si mi pareja reniega de su fe o si se convierte a otra religión?**

No. Un matrimonio válido, sacramental y consumado entre dos personas bautizadas no puede ser declarado nulo ni siquiera en un caso así.

Si ambos cónyuges están bautizados en el momento de contraer matrimonio y este se ha celebrado con validez y se ha consumado, el matrimonio no puede ser declarado nulo, ni siquiera si uno de los cónyuges ha dejado de ser cristiano practicante. Es importante que, al contraer matrimonio, emprendáis en común un camino de fe. Hablad siempre sobre vuestras experiencias y dudas en materia de fe. Si uno de los cónyuges cambia tanto que se aparta de la fe, es importante que comentéis la nueva situación. Se debe respetar la libertad del otro.

* Dios es el más grande

¿Puede disolverse un matrimonio celebrado por la Iglesia?

La Iglesia católica no reconoce el divorcio. Un matrimonio solo puede ser declarado nulo. En tal caso, la Iglesia constata que en el momento de contraer matrimonio faltaba algo esencial: ya sea la libertad exterior e interior necesarias o la voluntad de ser fiel de por vida; ya sea que alguno de los dos no quisiera tener hijos o que le faltase la capacidad de discernimiento necesaria; ya sea que el matrimonio nunca llegó a consumarse sexualmente.

Quien está enamorado no se plantea que esa relación pueda ser solo por un tiempo; quien vive intensamente la alegría de casarse no está pensando en algo pasajero.
PAPA FRANCISCO, AL 123

En tales casos, se puede solicitar un «procedimiento de nulidad matrimonial» ante la diócesis competente. No se trata de una acusación contra el otro cónyuge. La demanda se refiere al «vínculo matrimonial», el cual contará con el amparo de un «defensor del vínculo matrimonial» perteneciente a la Iglesia. Se deben presentar documentos y testigos que demuestren que los motivos alegados son veraces.

Existen motivos de nulidad matrimonial en tres ámbitos:
1. Cuando existieron impedimentos para contraer matrimonio: por ejemplo, un matrimonio anterior, un voto de celibato, un parentesco de consanguineidad, una diferencia de religión...
2. Cuando el consentimiento estaba viciado o equivocado en el momento de contraer matrimonio: una de las partes no quería o no podía cumplir con lo esencial del matrimonio.
3. Por la forma en la que se produjo el matrimonio: no se respetaron las normas, por ejemplo, el sacerdote que ofició el casamiento carecía de la potestad para hacerlo. Todo esto puede constatarse incluso años después. Tras una declaración de nulidad, uno se puede casar legítimamente con una nueva pareja.

B Mt 19,6 **CCE** 1629 **Y** 269 **AL** 123; **CIC** can. 1073-1123; can. 1671-1706

Si se puede amar a todo el mundo, ¿no podemos entonces casarnos también con cualquier persona, independientemente de su sexo?

Hoy en día, en muchos países existe el «matrimonio para todos». Siguiendo las Sagradas Escrituras, la Iglesia solo denomina «matrimonio» a la duradera y exclusiva unión entre un hombre y una mujer. No hay ningún ser humano que no descienda de un hombre y una mujer. Es una ley natural. Quien considera la naturaleza como creación de Dios, no puede considerar la complementariedad de los sexos como una casualidad, sino como un orden razonable para una vida humana plena. Por eso, a lo largo de toda la historia de la humanidad, se ha reservado con razón la palabra «matrimonio» para esta unión tan especial entre hombre y mujer.

Solo la roca del amor total e irrevocable entre hombre y mujer es capaz de convertirse en base para construir una sociedad que sea hogar para todos los seres humanos.
PAPA BENEDICTO XVI

Complementariedad = Forma de completarse una a otro

B Gén 1,27 **CCE** 2357–2359 **Y** 65, 416 **AL** 251 **FC** 19

¿Qué tengo que hacer si se acerca el momento de concretar el matrimonio?

Antes de casaros, la Iglesia comprueba que no haya ningún impedimento para celebrar un matrimonio sacramental. Para ello, debéis mantener una conversación con el párroco. Él os informará sobre los pasos a seguir.

La **entrevista matrimonial** se lleva a cabo con el párroco de vuestro lugar de residencia. Si preferís que otra persona os case, podéis delegar esta tarea en otro sacerdote o diácono. Se trata, en particular, del llamado **«examen matrimonial»**. No se trata de una prueba de conocimientos. El sacerdote solo debe determinar si existen circunstancias que puedan impedir el matrimonio. Necesitas lo siguiente:

➡ tu certificado de bautismo
➡ el certificado de matrimonio civil, si ya se ha celebrado
➡ si eres viudo: el certificado de defunción de tu anterior cónyuge
➡ si tu matrimonio anterior ha sido anulado: los documentos que lo acrediten.

El sacerdote o el diácono comprueba si realmente estáis preparados para contraer matrimonio católico. Repasará con vosotros el **protocolo de preparación para el matrimonio**. Si todo está en orden, se procederá a la publicación de la amonestación matrimonial, es decir, el anuncio de que ambos deseáis casaros. En este momento, otras personas pueden manifestarse si, por ejemplo, saben que el matrimonio se celebra bajo coacción y no por voluntad propia. Esto invalidaría el matrimonio. Con todo esto la Iglesia quiere proteger a los contrayentes de una decisión equivocada. Además, la Iglesia recomienda encarecidamente prepararse personal y espiritualmente para el matrimonio.

CIC 1066s. AL 207, 212–215

¿Por qué casarse también por la iglesia?

Porque allí estáis ante Dios en toda su viveza. En el momento más importante de vuestra vida, aceptad a bordo a quien creó el amor entre hombre y mujer. Es a esto a lo que se le llama «sacramento del matrimonio». Él, que es amor (1 Jn 4,16), ama en nosotros, ama con nosotros. Él ama contigo al otro y ayuda a que te ames a ti mismo. Así cargaréis las pilas y recibiréis la mayor ayuda imaginable para vuestro amor: la alegría que compartís podrá florecer, la fidelidad permanecerá firme, las discusiones serán menos destructivas y la reconciliación, más sencilla. Dejaréis entrar así un pedazo de cielo en vuestra vida juntos.

Jesús fue invitado a las bodas de Caná. Se acabó el vino y, cuando se lo pidieron, reaccionó inmediatamente. Convirtió el agua en vino e hizo un milagro. Lo mismo ocurre con el sacramento del matrimonio: el vino de vuestro amor no se agotará nunca. Pero en los retos de una vida larga, puede que olvidéis la fuente de donde proviene. Únicamente con el agua de vuestras buenas intenciones no llegaréis muy lejos. Dios está atento a vuestra llamada. No olvidéis nunca pedirle el maravilloso vino del amor.

Casarse por la Iglesia quiere decir confiar más en la ayuda de Dios que en la propia provisión de amor.

YOUCAT 150

¿Cómo se desarrolla exactamente la ceremonia de boda?

Al comienzo, el sacerdote o el diácono pregunta a los novios si están dispuestos a contraer matrimonio cristiano. Les pregunta si ambos han decidido libremente contraer matrimonio, si se comprometen a ser fieles el uno al otro durante toda la vida, a aceptar a los hijos y a asumir juntos la responsabilidad ante la Iglesia y ante el mundo.

A continuación, bendice las alianzas de boda. Lo que sigue es la ceremonia de boda propiamente dicha: el novio y la novia se administran mutuamente el sacramento del matrimonio, prometiéndose el uno al otro y aceptando esta promesa con el «sí, quiero».

Como símbolo de su amor y fidelidad se intercambian las alianzas. El oficiante confirma entonces el matrimonio colocando la estola sobre las manos entrelazadas de los recién casados y nombrando a los padrinos y a todos los presentes como testigos de esa unión matrimonial.

Al final de la ceremonia de boda, el oficiante bendice a la pareja con unas palabras solemnes.

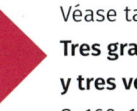

Véase también
Tres grandes preguntas y tres veces sí
S. 160–161

¿Qué nos dicen los símbolos de la ceremonia de boda?

En las diferentes culturas existe un rico acervo de símbolos con los que interpretar el misterio del matrimonio. Hay un símbolo común a todas las culturas: el anillo de bodas.

Los anillos de boda tienen un cuádruple significado:

1. Los anillos encajan entre sí. Esto recuerda una antigua tradición. Se enviaba un mensaje a una persona de confianza. Para demostrar que el mensaje provenía de la «persona adecuada», el mensajero entregaba un anillo al destinatario. Este comprobaba si encajaba con su propio anillo. (Los confidentes habían hecho ambos anillos con este propósito). El hecho de que encajasen significaba:

En la *India* es conocida la costumbre de atar un hilo dorado alrededor del cuello de la novia, así como la de encender una vela los dos juntos. Es importante la gran y solemne marcha nupcial a través de la ciudad o el pueblo. En algunos lugares es habitual que la novia reciba un sari nuevo de colores vistosos, como símbolo de que desde entonces pertenece a una nueva familia.

MARIA, India

¿Tiene sentido acompañar la ceremonia de boda con una celebración eucarística?

Si ambos cónyuges son católicos, tiene mucho sentido añadir a la ceremonia matrimonial una celebración eucarística. Si entiendes la lógica de Dios, te darás cuenta de que el «matrimonio» y la «Eucaristía» están en concordancia con una misma línea maestra para el amor. En ambos casos se trata de una entrega total y de una unión (en latín: comunión). En ambos casos se puede aplicar la frase: yo me entrego a ti, tú te entregas a mí.

En materia de amor, somos unos aficionados en comparación con Dios. La Eucaristía nos muestra cómo ama Dios: Cristo se entregó por nosotros para que viviéramos. Este tipo de amor debe darse entre el hombre y la mujer, tal y como exige Pablo: «Maridos, amad a vuestras mujeres

¡Tú eres justo a quien estaba buscando!

2. Los anillos recuerdan dos eslabones de una cadena: pertenecemos el uno al otro, ¡nada ni nadie nos separará!

3. Los anillos suelen estar hechos de oro u otro material precioso. Esto significa: tú significas mucho para mí y nuestro amor es para mí el regalo más preciado, ¡eres para mí un regalo de Dios!

4. Los anillos son redondos: aplicado al amor, esto significa que nuestro amor no tiene fin...

En *México*, durante la ceremonia religiosa se utiliza una cuerda nupcial con la que se une simbólicamente a la pareja.

MARÍA REGINA, México

En *España*, los esposos se regalan mutuamente 13 monedas, que simbolizan la bendición de Dios y los bienes que comparten. A veces, también se cubre a los recién casados con un manto.

JUAN DANIEL Y LUCÍA, España

El vestido blanco, sin el cual una boda propiamente dicha parece casi impensable en el *mundo occidental*, representa en realidad la virginidad de la novia.

ANNA, Austria

En el *Líbano*, tras la bendición y el intercambio de anillos, los novios son ceñidos con una corona cada uno, como símbolo de la gloria y la dignidad que les confiere la bendición de Dios.

CARLOS, Líbano

como Cristo amó a su Iglesia» (Ef 5,25). La indisolubilidad del matrimonio es, por lo tanto, un reflejo del amor indisoluble de Dios, que «entregó a su Unigénito, para que todo el que cree en él no perezca, sino que tenga vida eterna» (Jn 3,16). Se podría incluso decir que quien ha comprendido el misterio de la Eucaristía, ha comprendido también el misterio del matrimonio.

> **¿Qué pueden aportar los novios a la celebración?**

Adornos florales que os gusten, canciones en alabanza de Dios, música que eleve vuestros corazones a Dios, vuestros pasajes favoritos de las Sagradas Escrituras: todo tiene cabida. Debe ser una misa inolvidable. Dado que a veces puede resultar difícil saber qué es lo adecuado y qué no, lo mejor es que con antelación os pongáis en contacto con el sacerdote.

Plantearos la cuestión de qué versículos y de qué evangelio queréis que se lea. Meditadlos y elegid los que más os lleguen al corazón. Uno de vuestros amigos podría encargarse de la lectura. Y luego: podéis redactar vosotros mismos las plegarias, procurando al hacerlo que mantengan realmente el mismo regusto que tienen las oraciones. Poneos de acuerdo con el sacerdote o el diácono sobre la música. Y, cuando os preparéis interiormente para ese día, completad toda esa solemnidad exterior, por ejemplo, pasando un par de días en un retiro en silencio, donde también podréis recibir el sacramento de la reconciliación (confesión) con Dios.

AL 212, 216 **FC** 67

¿Qué se está prometiendo exactamente cuando se acude ante el altar?

Los cónyuges se prometen mutuamente y ante Dios el matrimonio sacramental: prometen que contraen matrimonio en libertad y sin coacción interna ni presión externa alguna. Se prometen amor mutuo en fidelidad física y espiritual para toda la vida. Prometen no excluir deliberadamente a los hijos y educarlos en la fe de la Iglesia. Solo a través de estas promesas se alcanza el llamado CONSENTIMIENTO MATRIMONIAL y, con él, el matrimonio sacramental.

> El matrimonio lo produce el consentimiento de las partes legítimamente manifestado entre personas jurídicamente hábiles, consentimiento que ningún poder humano puede suplir. El consentimiento matrimonial es el acto de la voluntad, por el cual el varón y la mujer se entregan y aceptan mutuamente en alianza irrevocable para constituir el matrimonio
>
> **CIC,** can. 1057

? CONSENTIMIENTO (del lat. *consentire* = consentir): la voluntad común del matrimonio en todos los puntos esenciales.

Es bueno que las parejas recuerden siempre los votos que hicieron con el matrimonio sacramental. Especialmente en las fases más críticas de la relación deben recordar que Dios está permanentemente unido en alianza con ellos.

Y 262, 266

ESPECIAL

Tres grandes preguntas.

(Nombre) y (nombre), ¿venís a casaros con entera libertad?

Sí.

¿Os comprometéis a quereros y guardaros fidelidad durante toda la vida?

Sí.

¿Estáis dispuestos a recibir los hijos, fruto de vuestro amor, y a educarlos en la fe de Cristo?

Sí.

GUAAAA

Y tres veces sí.

*Después de estos asentimientos el sacerdote
o el diácono bendice los anillos nupciales. A
continuación, se pronuncia la **fórmula matrimonial**.
Es como un sello solemne que concluye la promesa
matrimonial.*

**Yo, (nombre), te recibo a ti (nombre)
como legítima/o mujer/marido mía/o
 y me entrego a ti
como legítimo/a marido/mujer tuyo/a,
según lo manda la santa Madre Iglesia católica.**

Los novios se intercambian los anillos y dicen:

**(Nombre), recibe esta alianza,
en señal de mi amor y fidelidad a ti.
En el nombre del Padre, del Hijo y
del Espíritu Santo.**

¿Qué piensa la Iglesia de los matrimonios concertados?

En algunas culturas ya no existen los matrimonios concertados, mientras que en otras es normal y deseable que las familias y los amigos participen en la elección de pareja. Lo importante es que nadie se vea obligado a casarse. Los padres deben aceptar que es legítimo que una pareja quiera conocerse por su cuenta.

B Manteneos, pues, firmes, y no dejéis que vuelvan a someteros a yugos de esclavitud... No utilicéis la libertad como estímulo para la carne; al contrario, sed esclavos unos de otros por amor.

Gál 5,1.13

Los matrimonios forzados suponen una violación de los derechos humanos. Nadie debe organizarlos ni aceptarlos sin oposición. Sin embargo, cuando los matrimonios concertados no son forzados, sino que se celebran con el libre consentimiento de las personas afectadas, los estudios comparativos demuestran que su índice de éxito no es inferior al de los matrimonios celebrados a la manera «moderna». En determinados contextos, las mujeres jóvenes incluso consideran un privilegio y una seguridad el hecho de que, a una edad en la que a menudo solo se las percibe como objetos sexuales, puedan contar con el acompañamiento de la familia y que sea esta la que les presente a alguien. No se puede descartar que, a fin de cuentas, la ayuda de la familia pueda conducir a relaciones más felices que las que propician los algoritmos de una aplicación de citas.

En la India, más del 80 % de los matrimonios son concertados. Dado que la India es un país en vías de desarrollo, los jóvenes se ven sometidos a una enorme presión para, en un breve plazo de tiempo, encontrar trabajo, casarse y establecerse. A menudo no hay tiempo para citas o contactos sociales, por lo que el matrimonio concertado sigue siendo una opción muy bien acogida. Sin embargo, los jóvenes también son conscientes de los peligros, es decir, de lo que conlleva tratar a las personas como objetos y no considerar el matrimonio como una vocación.

GAURAVI, India

¿Me puedo casar también si lo hago porque sinceramente tengo la sensación de que no voy a encontrar a nadie mejor?

No. Sin una profunda empatía por el otro, no hay nada que hacer. El matrimonio requiere sentimientos y decisión. Tomaos vuestro tiempo para conoceros, comparar vuestros planes, descubrir vuestras personalidades y crecer juntos. Entonces surgirá una especie de sosegada alegría en la que lo que más importa es que tengáis un deseo: «Quiero amarte. ¡Quiero que seas la persona más importante de mi vida!».

Antes de pensar en casarse, hay que consolidar la amistad o separarse. «Mantener caliente» a una persona hasta que aparezca «alguien mejor» sería caer muy bajo. Pero hay que darse el tiempo necesario para no tomar por miedo una decisión precipitada.

Y 402 **CV** 2, 51, 267

¿Debería casarse una pareja si están esperando un hijo?

No. Es cierto que podéis sentir, y con razón, que tenéis una responsabilidad común frente al hijo. Siempre seréis sus padres y debéis darle todo vuestro amor. Pero el niño que habéis concebido no debe ser la única razón por la que os casáis.

En muchos casos, los matrimonios se anulan más tarde (véase p. 151) porque el hombre dice: «Me obligó a casarme con ella por el niño», o la mujer dice: «Solo me casé con él para que el niño tuviera un padre». Por eso, la Iglesia recomienda encarecidamente esperar con las relaciones sexuales hasta que un hombre y una mujer se digan: «Te quiero. Solo a ti. Para siempre». Esa es la fórmula mágica. Entonces pueden llegar los hijos y encontrar la seguridad de un hogar creado por dos personas que se aman con sinceridad y sin condiciones.

A cada mujer embarazada quiero pedirle con afecto: cuida tu alegría, que nada te quite el gozo interior de la maternidad. Ese niño merece tu alegría. No permitas que los miedos, las preocupaciones, los comentarios ajenos o los problemas apaguen esa felicidad de ser instrumento de Dios para traer una nueva vida al mundo.

PAPA FRANCISCO, AL 171

CIC Can. 1101-§1&2 **Y** 262 **AL** 132, 171 **FC** 14

Tu deseo de vivir seguro, protegido y bien abastecido es una necesidad humana básica. Sin embargo, casarse con alguien solo para obtener ventajas y seguridad material es una fórmula para la infelicidad. Estarías fingiendo ante el otro un amor que no sientes: lo que quieres es poseer, no amar. Esa no es una base sana para un matrimonio.

¿Puedo casarme para ganar seguridad?

Si lo que te mueve es un cierto interés y no ese sentimiento profundo de poder darlo todo para recibirlo todo, entonces no amas de verdad. No te importa esa persona, solo amas sus cosas, su dinero, su estatus, etc. El amor no es un intercambio, no es un negocio, en él no se puede comprar ni vender. Nunca te decantes por el matrimonio después de haber calculado y confirmado que te resulta «rentable». Espera a que llegue el amor, aunque no te aporte nada más que amor.

AL 294 **CV** 265

¿Son aceptables los contratos prematrimoniales?

Un contrato prematrimonial aparte, además del vínculo matrimonial en la iglesia, puede ser dos cosas. Por un lado, puede ser una señal de desconfianza que contradice la entrega incondicional en el matrimonio. Pero también puede ser una señal de prudencia al querer establecer a su debido tiempo disposiciones jurídicamente vinculantes, por ejemplo, cuando una mujer teme quedarse sin recursos tras un accidente, una muerte o un abandono.

Por lo tanto, un contrato prematrimonial puede ser un acto de responsabilidad hacia los más débiles, especialmente hacia los hijos. Sin embargo, quien insiste en un contrato prematrimonial porque considera que el sacramento es mera ceremonia, niega su esencia espiritual, ya que no cree ni en su propia promesa de fidelidad ni en la del otro.

El mejor contrato de matrimonio: si un día me volviera un idiota y te dejara, te podrías quedar con todo lo que me pertenece.
MICHAEL, Alemania

¿Qué significa aceptar al otro por completo?

Significa aceptarlo tal y como es (y no como debería ser). Aceptad vuestros defectos y virtudes, la figura que ahora tenéis y que mañana quizá cambie, la mente que hoy es brillante y mañana quizá decline, vuestro pasado difícil y vuestro futuro aún incierto. Aceptaos con vuestras virtudes y defectos, con vuestras capacidades y vuestros talentos, pero también con vuestros traumas y vuestros errores. Vuestro «sí» incondicional os permitirá ayudaros mutuamente y crecer juntos.

Sin embargo, la seguridad de ser aceptado nunca debe ser una excusa para dejarse llevar. Una buena relación matrimonial implica que se puedan expresar y se puedan aceptar las críticas constructivas. Sé que no estoy siendo juzgado. Puedo ser sincero conmigo mismo. No tengo que levantar escudos protectores ni fingir un papel. La aceptación mutua crea un espacio único de libertad y proporciona protección, confianza, apoyo y seguridad. En este espacio, ambos crecen y se hacen «grandes».

Si existe alguna posibilidad de cambiar para bien a otra persona, esta consiste únicamente en amarla y ayudarla poco a poco a transformarse de lo que es a lo que puede llegar a ser.

JOSEPH RATZINGER / PAPA BENEDICTO XVI

F L A S H
12 ♥
L I G H T

B Rom 15,7 **AL** 92, 113, 127 **CV** 261 **GE** 72

Pues lo que **Dios** ha unido,

QUE NO LO SEPARE
EL HOMBRE.

MC 10,9

¿Qué significa «respetar y honrar» en la promesa matrimonial?

«Respetar y honrar» son formas de amor que están más condicionadas por la voluntad que por los sentimientos. Así, el amor puede mantenerse vivo o renacer incluso en momentos difíciles. Cuando «respetas» al otro, reconoces su dignidad intrínseca: no lo avergüenzas, ni lo humillas, ni lo menosprecias. «Honras» al otro al percibir sus aspectos positivos y no olvidar el bien que ha hecho.

Te respeto porque te amo.
MAURICIO Y JINA,
España

El matrimonio es esa promesa sorprendente y completamente osada de asumir, como la misión más excelsa y prioritaria de mi vida, que hay alguien dentro de esta a quien debo amar, respetar y honrar. Ningún otro amor entre personas tiene esa radicalidad que tiene el «tú y yo juntos para siempre».
FRANZISKUS Y ELISABETH,
Alemania

Hay una observación interesante que ya hizo san Pablo (Ef 5,25-33): al parecer, las mujeres necesitan más «amor» y los hombres más «honor» para sentirse plenamente felices. Por supuesto, esto no es una ley natural: ambos necesitan amor y honor. Sin embargo, bien puede ser que una mujer que honra a su marido reciba su amor a cambio y es muy posible que un hombre que muestra pequeños gestos de amor a su mujer se gane así su respeto. Quizás ahí resida el pequeño secreto de los matrimonios felices. Solo hay que quedarse con unas pocas frases: «Te tengo en cuenta. Y te lo demuestro siempre que puedo». O: «Estoy contigo cuando estamos cerca y cuando no». O: «Te admiro por...».

B Ef 5,28–33 **AL** 99, 104, 115

¿Podemos casarnos si no queremos tener hijos?

No. Nadie que excluya conscientemente a los hijos puede recibir el sacramento del matrimonio. El amor quiere ser fecundo. Estar abierto a ello y acoger con gratitud una nueva vida es tan esencial para el matrimonio como la voluntad de ser fiel para toda la vida.

El sentido del amor no es que el hombre y la mujer formen un círculo cerrado, se miren fijamente a los ojos durante toda la vida y se basten el uno al otro. El amor verdadero es «opulento», una riqueza desbordante que quiere regalarse. El amor quiere que la unión rebose por medio del milagro creador de una nueva vida. Generación tras generación la vida atraviesa el corazón y el regazo de los amantes. Un niño es el amor visible de sus padres y el regalo más hermoso de Dios a la pareja. Una pareja que no es capaz de tener hijos puede y debe hacer fructificar su amor de otra manera, por ejemplo, mediante la adopción, pero también mediante la hospitalidad y cualquier otro acto de amor desinteresado al prójimo (véase p. 26).

Es como si plantaras una semilla y cortaras la planta tan pronto como esta intenta empezar a crecer. Eso va en contra del plan de Dios y de la naturaleza.

MARTHA, India

B Gén 1,27–28 **CCE** 1652–1654, 1664 **CIC** 1055 §1, 1084 §3, 1096, 1098 **Y** 262 **AL** 165, 167 **HV** 12

Si tener hijos es propio del matrimonio, ¿significa que no podemos protegernos usando métodos anticonceptivos?

Un hijo no es una desgracia ante la que hayamos de «protegernos». Pero los padres tienen tanto la responsabilidad como el derecho de decidir el número de hijos que desean tener y el intervalo entre ellos. Cada vez más parejas que se preocupan por el amor y la fertilidad descubren métodos naturales para regular la concepción, por ejemplo, el método sintotérmico. Este método consiste en observar el ciclo menstrual de la mujer para determinar los días fértiles y los días en los que con toda seguridad no lo es.

Al principio estaba escandalizada: ¡y qué le importa a la Iglesia! Hoy me parece genial que la Iglesia aconseje no echar mano de métodos anticonceptivos artificiales. Una planificación familiar natural es más que un método: es un estilo de vida que permite al hombre y a la mujer crecer con respeto, castidad y confianza.

CLAUDIA, México

Los medios químicos, mecánicos y quirúrgicos intervienen manipulando la biología de la mujer y del hombre. Suponen una tecnificación de la intimidad y no se corresponden con la idea integral de una unión amorosa entre el hombre y la mujer. Lo bonito de los métodos naturales es que aprendéis juntos a prestar atención a las señales corporales de la mujer y a hablar sobre su sexualidad. La «anticoncepción» no recae solo sobre la mujer, sino que queda integrada en una forma de abordar la sexualidad basada en la igualdad dentro de la pareja.

¿Cómo puedo prometer educar a mis hijos en el Cristianismo si mi cónyuge no quiere ni oír hablar de ello?

Educar en el Cristianismo significa rezar con los niños y hablarles de Cristo. En realidad, esto hay que discutirlo abiertamente antes del matrimonio. Examina si puedes casarte en conciencia con alguien que puede que reprima tu fe y la de vuestros hijos. Sin embargo, si vives en un país o contexto en el que tu fe te pone en peligro a ti y a tus hijos, solo te quedan dos cosas: servir de ejemplo y rezar. ¡Ama! ¡Propicia paz! ¡Preocúpate por tener un hogar agradable! Reza por tus hijos, sé cariñoso, generoso, justo. ¡Reserva tiempo para Dios! Algún día, tus hijos te preguntarán de dónde sacas la energía para vivir. Esto también podría llevar el corazón de tu cónyuge hacia Dios.

B

Más bien, glorificad a Cristo el Señor en vuestros corazones, dispuestos siempre para dar explicación a todo el que os pida una razón de vuestra esperanza.

1 Pe 3,15

Si es posible, sigue viviendo de acuerdo con los sacramentos, reza con tus hijos, llévalos a la iglesia. Cultiva amistades que te animen en la fe. Renuncia a intentar convertir a tu cónyuge, a darle pruebas de la existencia de Dios, a exponerle teorías sobre la fe y explicaciones eclesiásticas. Eso solo conduce a discusiones. Da testimonio de Dios con amor y misericordia. Mantente cerca de Jesús mientras sobrellevas tu impotencia y tu silencio. Y confía en que el Señor te guiará a través de todos los pequeños y grandes desafíos y en que ningún miembro de tu familia se desprenderá jamás de su mano.

¿Cómo es posible ser fiel a una sola persona y amarla durante toda la vida?

«Prometo serte fiel en la prosperidad y en la adversidad, en la salud y en la enfermedad, todos los días de mi vida»: los cristianos no hacen esta promesa confiando en sus propias fuerzas. La hacen confiando en Dios y sabiendo que son hijos y herederos de Dios. Dios es inconfundiblemente fiel. Y si permanecéis cerca de Dios, todo lo bueno de Dios se transmitirá a vosotros, incluida la capacidad de ser fieles. Dios es fuerte en vuestra debilidad (2 Cor 12,9) y no permite que seáis tentados por encima de vuestras fuerzas (cf. 1 Cor 10,13). La Madre Teresa dijo en varias ocasiones: «La familia que reza unida, permanece unida».

" En el sacramento del matrimonio Cristo promete su amor en nuestro amor y su fidelidad en nuestra fidelidad.
YOUCAT 115

Hay personas casadas que mantienen su fidelidad cuando su cónyuge se ha vuelto físicamente desagradable, o cuando no satisface las propias necesidades, a pesar de que muchas ofertas invitan a la infidelidad o al abandono. Una mujer puede cuidar a su esposo enfermo y allí, junto a la Cruz, vuelve a dar el «sí» de su amor hasta la muerte.
PAPA FRANCISCO, AL 162

Tu historia de amor también llegará a un punto en el que desaparecerá el enamoramiento de los primeros días. Ante vosotros aparecerá la rutina diaria y, con ella, quizá también las discusiones, las decepciones y el aburrimiento. Para que el amor no se marchite, lo más importante es el arraigo: la fidelidad. Ser fiel significa:

➡ dar el primer paso después de una discusión, hacer el bien al otro y, al hacerlo, ser imaginativo.

➡ tolerar las debilidades del otro, anticiparlas y atenuarlas.

➡ alegrarse de sus capacidades, celebrar sus éxitos.

➡ animar en lugar de desanimar.

➡ saber sacar con tu amor lo bueno del otro.

Así, el amor podrá florecer siempre de nuevo.

B 2 Cor 12,9; 1 Cor 10,13; 1 Tes 5,23–24 **CCE** 1615 **Y** 263 **AL** 62, 162 **FC** 13

> **¿Cómo puedo prometer fidelidad «en la prosperidad y en la adversidad» si todavía no sé qué tan difíciles serán los malos momentos (alcohol, drogas, infidelidad)?**

Sí, es posible que mañana se produzca una catástrofe en tu matrimonio. Incluso es seguro que habrá crisis. Ya en la boda pueden existir fisuras ocultas que se disimulan durante la primera fase del enamoramiento. Algunos descartan esta idea con un «¡Todo saldrá bien!» o se guardan una cláusula secreta para una posible retirada. Si no estás dispuesto a darlo todo para recibirlo todo, mejor no te cases. Esta es la prueba del amor y lo especial del matrimonio: que el hombre y la mujer asumen conscientemente ese «riesgo marginal» de un futuro incierto porque saben que Dios está a su lado.

Lo esencial del amor es su incondicionalidad. Por eso, aunque algo salga terriblemente mal, con la ayuda de Dios mantendrás tu fidelidad. En el peor de los casos, puede que incluso sea necesario vivir separados durante un tiempo si hay peligro para vuestra integridad y vuestra vida (también para la de vuestros hijos). También aquí serás fiel, aunque solo sea al rezar por el otro y al no dejarlo abandonado. Si reconoces en el otro también a una persona que quiere mantener ese tipo de fidelidad, valdrá la pena el riesgo de convertirse en «una sola carne» (Gén 2,24) y de permanecer unidos en las duras y en las maduras.

La alegría matrimonial, que puede vivirse aun en medio del dolor, implica aceptar que el matrimonio es una necesaria combinación de gozos y de esfuerzos, de tensiones y de descanso, de sufrimientos y de liberaciones, de satisfacciones y de búsquedas, de molestias y de placeres, siempre en el camino de la amistad, que mueve a los esposos a cuidarse.
PAPA FRANCISCO,
AL 126

B Gén 2,24; Rom 8,28 **CCE** 1646 **CIC** 1152–1155 **AL** 124, 241

Si Dios quiere que seamos felices, ¿por qué entonces tenemos que soportar un matrimonio infeliz?

Dios nos invita a recorrer un camino lleno de exigencias. Nos capacita para un amor que también pueda soportar el profundo sufrimiento que nos podemos causar el uno al otro. Es esta fidelidad la que puede proporcionarte paz interior: un tipo diferente de felicidad. También el camino de Cristo lo condujo a través de la cruz hasta llegar a la alegría de la resurrección. Un matrimonio es un proyecto de amor, no una máquina de hacer felicidad, y los cónyuges no se garantizan nunca esa felicidad. Para la felicidad ilimitada, Dios ha previsto el Paraíso. Allí seremos algún día completamente felices.

> El amor verdadero duele. Siempre tiene que doler. Amar a alguien tiene que ser doloroso; doloroso abandonarlo, querer morir por él. Cuando las personas se casan, tienen que renunciar a todo para amarse mutuamente.
>
> **SANTA MADRE TERESA**

Si estáis en un matrimonio infeliz, debéis hacer todo lo posible por salvarlo, incluso recurriendo a ayuda especializada. Sin embargo, en casos de violencia y maltrato, nadie está obligado a mantener la convivencia. La separación es a veces inevitable y necesaria. Sin embargo, esto no pondría fin a vuestro matrimonio, ya que este refleja la fidelidad de un Dios que nunca pierde interés en nosotros, aunque nos alejemos y tomemos los caminos más inverosímiles.

> Si uno teme que todos los sentimientos de felicidad acumulados se desvanezcan con el próximo sufrimiento, no puede ser feliz hoy. Por lo tanto, solo se puede ser feliz si se tiene la certeza de que, incluso en situaciones límite, incluso en el sufrimiento, la culpa y la muerte, todavía puede haber algún sentido. Si no se cree en ello, no se puede ser profundamente feliz y estar en paz.
>
> **MANFRED LÜTZ** (*1954), psiquiatra y escritor alemán

B Mt 11,28–30 **AL** 22

¿Y si no es la muerte la que nos separa, sino otro amor?

La fidelidad es parte esencial del amor. Todos sabemos lo hipócrita y ridículo que sería decir: «Te quiero... hasta que otro amor nos separe».
Por eso Jesús dice: «Lo que Dios ha unido, que no lo separe el hombre» (Mc 10,9). Prometer algo y poder cumplir esa promesa con voluntad, entendimiento y altruismo es lo más elevado que hay en el ser humano. La fidelidad hay que quererla, porque «solo la voluntad decidida de aceptar al otro con fidelidad incondicional durante toda la vida sustrae el amor a los caprichos de los sentimientos y a la arbitrariedad, y le confiere así constancia e inquebrantabilidad» (Hans-Günter Gruber).

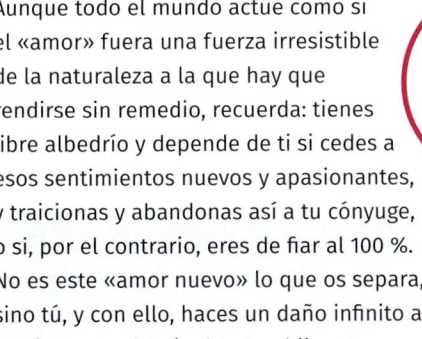

Aunque todo el mundo actúe como si el «amor» fuera una fuerza irresistible de la naturaleza a la que hay que rendirse sin remedio, recuerda: tienes libre albedrío y depende de ti si cedes a esos sentimientos nuevos y apasionantes, y traicionas y abandonas así a tu cónyuge, o si, por el contrario, eres de fiar al 100 %. No es este «amor nuevo» lo que os separa, sino tú, y con ello, haces un daño infinito a tu cónyuge, además de a tus hijos. Por no hablar de que te haces daño a ti mismo. Dios te ha dado el don de la fidelidad y si eres infiel, lo estás destruyendo. Eso te empobrece. Eso es un pecado.

A veces, el corazón puede dar saltos alocados e irracionales al querer irse con otra persona. Si me esfuerzo a diario por cuidar el corazón de mi pareja, reduzco el riesgo de que mi corazón se meta en jardines que no son los suyos.
JOSÉ, España

B Mc 10,9; 1 Cor 10,13 **CCE** 1643, 1649–1650, 2353 **CIC** 1152 **Y** 264, 274

¿Se me ha cerrado el amor para siempre si mi matrimonio fracasa?

El ser humano necesita amor desde el primer hasta el último aliento. Afortunadamente, hay muchas formas de amar y de ser amado. El amor en el sacramento del matrimonio es algo especial: no se acaba ni siquiera cuando fracasa entre las dos personas. No puede haber un segundo amor del mismo tipo mientras tu cónyuge siga vivo. Uno y otro estáis en «alianza», sois una unidad que Dios ha procurado, aunque esta unidad solo consista ya en que perdonas al otro y rezas por él. Es un gran testimonio de la fe que alguien tiene que, estando casado y habiendo sido abandonado después, siga viviendo ese matrimonio roto: manteniendo las amistades, pero sin comenzar una nueva relación sexual. Sin embargo, no se debe juzgar a nadie que no tenga la fuerza necesaria para ello. Puede haber «serios» motivos para emprender una nueva relación, por ejemplo, el bien de los hijos (FC 84).

En cuanto a los divorciados que se han vuelto a casar, se dice en *Amoris laetitia*: «A las personas divorciadas que viven en nueva unión, es importante hacerles sentir que son parte de la Iglesia, que 'no están excomulgadas' y no son tratadas como tales, porque siempre integran la unión eclesial. Estas situaciones 'exigen un atento discernimiento y un acompañamiento con gran respeto, evitando todo lenguaje y actitud que las haga sentir discriminadas, y promoviendo su participación en la vida de la comunidad. Para la comunidad cristiana, hacerse cargo de ellos no implica un debilitamiento de su fe y de su testimonio acerca de la indisolubilidad matrimonial'» (AL 243).

> Si acaso un matrimonio ya ha fracasado, uno puede orientarse según los «cinco focos de atención» que propone la Archidiócesis de Viena. Presta atención
> 1. a tus hijos
> 2. a la pareja cuando esta vive separada
> 3. a la culpa
> 4. a otras parejas que son fieles
> 5. a tu conciencia moral y a Dios

B Sal 37,5; Mt 19,6 **Y** 270
AL 241–243 **FC** 83–84

**¿Significa realmente la muerte el final de nuestro matrimonio?
¿No permanecemos también unidos en la muerte?**

Cuando nuestro cuerpo terrenal muere, el matrimonio también termina. Sin el cuerpo no hay matrimonio. Por lo tanto, no se comete una infidelidad al volver a casarse después de la muerte de la pareja. Pero, al igual que la muerte no es el fin de la vida, sino una transformación y un nuevo comienzo, la muerte de la pareja tampoco es el fin de la relación. Los difuntos siguen viviendo en Cristo y, a través de Cristo, estamos unidos a ellos de una manera mucho más intensa de lo que jamás fue posible en la Tierra.

A menudo, el amor es tan fuerte que quien sobrevive al otro no quiere volver a casarse y anhela que el matrimonio continúe de alguna manera en el cielo. Pero Jesús nos corrige esta idea: «Pues cuando resuciten, ni los hombres se casarán ni las mujeres serán dadas en matrimonio, serán como ángeles del cielo» (Mc 12,25). De hecho, en el cielo estaremos extasiados por Dios, amor de todos los amores. Y en medio de este amor redescubriremos el de nuestra vida terrenal en toda su profundidad y belleza.

En Dios encontraremos todo el amor, incluso el amor hacia nuestro cónyuge terrenal..., una plenitud que antes de la muerte no pudimos experimentar completamente debido a muchas circunstancias como accidentes, discapacidades, encarcelamientos, secuestros, viajes o abandonos.

NAYA, Líbano

B 1 Cor 7,39; Mc 12,25; 2 Mac 12,39–45 **CCE** 1032 **Y** 146 **AL** 254, 258

¿Por qué debemos asumir responsabilidades dentro de la sociedad?

Dios os une y así os hace el doble de fuertes. De esta manera, podéis asumir las responsabilidades que tenéis para hacer una sociedad en la que vuestros hijos y todas las demás personas puedan vivir dignamente. Sois un matrimonio cristiano. Eso significa que Dios os ha enviado. No os mantengáis al margen en lo que respecta a personas de vuestra misma calle o de vuestro mismo barrio, ni tampoco en lo que respecta a preservar la Creación, distribuir con justicia los bienes y oponerse a ideologías políticas.

Tan pronto salgáis de vuestra isla y os ocupéis de los demás, por ejemplo, de la soledad que sufre en silencio una persona mayor, la vida, la alegría y el dinamismo llegará a vuestro matrimonio. Vuestro compromiso es muy necesario. Como matrimonio, como padres y madres, tenéis conocimientos específicos en muchos ámbitos: la familia, la educación, la escuela, la salud y la enfermedad, la conciliación de la vida familiar y laboral, la protección de la vida, etc. Mantened los ojos bien abiertos para detectar dónde os necesitan. Dicho con pocas palabras: los cristianos tienen que constituir el Estado. A través de vuestro servicio a los demás, el mundo será un lugar mejor y más pacífico.

La familia no debe pensar a sí misma como un recinto llamado a protegerse de la sociedad. No se queda a la espera, sino que sale de sí en la búsqueda solidaria. Así se convierte en un nexo de integración de la persona con la sociedad y en un punto de unión entre lo público y lo privado. Los matrimonios necesitan adquirir una clara y convencida conciencia sobre sus deberes sociales. Cuando esto sucede, el afecto que los une no disminuye, sino que se llena de nueva luz.
PAPA FRANCISCO, AL 181

B Gén 1,28.2.15; Mt 13,33 **CCE** 1533–1534 **Y** 248, 271 **AL** 131,181–184 **FC** 52

¿Cómo podemos comprometernos como matrimonio en la Iglesia?

Antes de que os lancéis al activismo: lo más importante es el testimonio que dais. «Nosotros hemos conocido el amor que Dios nos tiene y hemos creído en él» (1 Jn 4,16). La gente debe poder leerlo en vuestros rostros. Debe verlo en vuestra vida cotidiana y vislumbrar en todo ello algo del amor fiel y vivificante de Dios. Si dejáis que Dios entre en vuestras vidas, seréis una de las células más pequeñas de la Iglesia, una «ecclesiola» (= pequeña iglesia), una iglesia doméstica. Si esto se os da bien, tanto mejor podréis haceros cargo de tareas de voluntariado en la parroquia, por ejemplo, de la catequesis o de las misas para niños.

No debéis encerraros en esa iglesia doméstica. Experimentaréis el espíritu de la Iglesia cuando os reunáis los domingos en torno al altar, donde escucharéis la Palabra de Dios y recibiréis a Jesús en la Eucaristía. La Iglesia os necesita: para preparar al matrimonio, para acompañar a las parejas, para la catequesis de la primera comunión y de la confirmación, para los grupos familiares y de oración, para el trabajo con niños y jóvenes, para acompañar a las familias monoparentales y a las personas divorciadas. No todo el mundo puede hacerlo todo: el tiempo, la energía, otras preocupaciones y el talento imponen ciertos límites. Cada pareja debe aportar lo que pueda, sin que ello vaya en detrimento de su matrimonio y su familia.

En la familia, la fe se transmite junto con la vida, de generación en generación: se comparte como el pan de la mesa y los afectos del corazón. Esto la convierte en un lugar privilegiado para encontrar a Jesús, que nos ama y siempre quiere nuestro bien.

PAPA LEÓN XIV, Homilía 1 de junio de 2025

B Mt 5,13; 2 Cor 3,3 **CCE** 2208 **Y** 248, 368 **AL** 292, 324

PÁGINAS 180–227

Vivir
el amor

Crecer
en el
amor

5

Cómo se avanza y qué
se necesita para que
el matrimonio sea
duradero

«La danza con ese

Un párroco está invitado a unas bodas de oro y le pregunta a la señora mayor delante de los invitados: «¿Cómo lo han conseguido? ¡Cincuenta años de casados! ¿Alguna vez pensaron en divorciarse?». «¿Divorciarnos?», la homenajeada niega con la cabeza. «¡Nunca! ¡Solo en asesinarlo!».

Cuando se sabe con qué frecuencia hoy en día los matrimonios acaban ante un juez de divorcio los primeros años, incluso cuando se celebraron solemnemente ante Dios o cuando ya hay hijos, se puede hacer uno la idea de la bendición que supone un matrimonio para toda la vida. Porque el amor se echa a perder fácilmente por el camino, casi sin darnos cuenta. Y con él, todas sus virtudes: «la paciencia, la comprensión, la tolerancia y la generosidad». Poco a poco, «el amor es sustituido por una mirada inquisidora e implacable, por el control de los méritos y derechos de cada uno, por las reclamaciones, la competencia y la autodefensa» (AL 218). Entonces, un día, llega el momento en que se dice:

PAPA FRANCISCO AL 219

amor joven

o que sentíamos el uno por el otro ya no era suficiente. Pero guimos siendo buenos amigos...». ¡Qué triste!

r eso, este capítulo trata cuestiones y problemas relacionados n cómo resistir a las crisis y cómo dar estabilidad a los matri- onios. El papa Francisco sabe por qué fracasan: porque ya no n una «danza», se convierten en «agua estancada» que «se rrompe y se echa a perder» (AL 219). El papa elogia la viveza y dinamismo del amor en los jóvenes. «La danza hacia adelante n ese amor joven, la danza con esos ojos asombrados hacia la peranza, no debe detenerse. (...) El amor que no crece comienza correr riesgos, y solo podemos crecer respondiendo a la gracia vina con más actos de amor, con actos de cariño más frecuentes, ás intensos, más generosos, más tiernos» (AL 219, 134). ¡Y ese precisamente el punto! De eso se trata: de que nos hagamos ecer mutuamente, el uno al otro.

detenerse»

¿Cómo puedo ser una buena esposa, un buen marido?

Dios ha dotado a hombres y mujeres con dones que se complementan. Así, los unos pueden facilitar la vida a los otros y ambos pueden ayudarse mutuamente a alcanzar el cielo. A esto se refiere san Pablo cuando dice: «Llevad los unos las cargas de los otros y así cumpliréis la ley de Cristo» (Gál 6,2).

Quien solo se pregunta: «¿Me hace feliz mi pareja?», nunca será feliz. Amar significa desear y hacer el bien a la persona amada. «Pues sí, yo me imagino, de esta forma», dice el Papa, «cómo algún día la gente te parará por la calle en el pueblo y te dirá: '¡Qué mujer tan guapa y tan fuerte!'… '¡No me extraña, con ese marido!'». Y también te dirán a ti: '¡Miradlo!'… '¡No me extraña, con esa mujer!'. Y de eso se trata: de que nos hagamos crecer mutuamente, el uno al otro. Y los hijos tendrán entonces ese legado de haber tenido un padre y una madre que crecieron juntos, ayudándose mutuamente a ser más hombre y más mujer».

> El matrimonio es como la Sagrada Familia de Barcelona: es una obra permanentemente en construcción y solo conservará su hermosura si cada cual trabaja en ella. De lo contrario, pronto quedará hecha una ruina.
>
> **MICHAELA VON HEEREMAN**

> Tomamos mucho café juntos y recordamos las «tres expresiones más importantes» del papa Francisco: «Por favor», «Gracias» y «Lo siento».
>
> **LEANCHA**, Irlanda

> Amar a otra persona significa ver en ella la belleza de un milagro que es invisible para el resto del mundo.
>
> **FRANÇOIS MAURIAC** (1885–1970), escritor francés

Nosotros, los seres humanos, somos diferentes. En el amor también existe algo más que el lenguaje verbal. Cuando nos abrazamos, nuestro cuerpo habla. Cuando nos hacemos regalos, nuestro corazón habla. Pero sin palabras eso no es del todo posible. Cuando un hombre y una mujer solo hablan de lo estrictamente necesario, pero su relación permanece por lo demás muda y sus sentimientos ya no se expresan, deben averiguar de manera amistosa, con delicadeza y sin falso orgullo, dónde está el problema.

Cuando un matrimonio se hunde en el silencio, siempre se puede hacer algo:

➡ «¡Por favor, comparte conmigo lo que piensas!». Una petición amable para que el otro se abra es siempre mejor que un reproche.

➡ «¿Me dejas que te diga lo que me preocupa?»... Dar el primer paso ayuda a que el otro también se abra.

➡ «¡Hagamos algo, nosotros dos solos!» Seguro que hay un lugar y un momento en el que ambos podréis volver a abrir vuestros corazones.

➡ «No quiero perderte»: ¡busca ayuda especializada antes de que sea demasiado tarde!

Muchas veces uno de los cónyuges no necesita una solución a sus problemas, sino ser escuchado. Tiene que sentir que se ha percibido su pena, su desilusión, su miedo, su ira, su esperanza, su sueño.

PAPA FRANCISCO, AL 137

FLASH **13** ♥ LIGHT

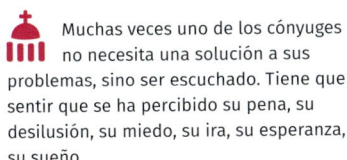

¿Cómo actuar si uno habla, pero el otro no quiere hablar?

¿Está mal discutir mucho en el matrimonio?

Lo importante es cómo se discute. Las discusiones son inevitables en cualquier matrimonio. En todas las cuestiones importantes, las diferencias de opinión deben ponerse sobre la mesa, expresarse y aclararse. Sin embargo, los niños pueden percibir las discusiones entre sus padres como algo muy amenazador. El arte de discutir consiste en decir la verdad sin herir al otro ni guardarle rencor. El objetivo siempre debe ser mantener la unidad. Solo hay que preocuparse por un matrimonio cuando la discusión se vuelve destructiva: cuando uno de los dos se retrae en su silencio o cuando uno menosprecia al otro con reproches o le insulta. Las discusiones nunca deben desembocar en violencia física y nunca deben terminar sin reconciliación.

Y, «¿cómo debo hacer las paces? ¿Ponerme de rodillas? ¡No! Sólo un pequeño gesto, algo pequeño, y vuelve la armonía familiar. Basta una caricia, sin palabras».
PAPA FRANCISCO, AL 104

FLASH **14** ♥ LIGHT

A menudo surgen discusiones porque no se han abordado pequeñas cosas que molestan en la vida cotidiana. Debe haber momentos en los que la pareja también aborde con amor estos temas. Dios te puede ayudar a acercarte al otro de una manera nueva. A veces son las heridas internas que alguien trae al matrimonio las que provocan disputas inevitables. Si no se reconocen y se curan, pueden incluso convertirse en algo que dinamitará el matrimonio. En tales casos, también se puede acudir con confianza a un consejero espiritual o a un terapeuta.

Jesús también hizo una promesa a las familias: «donde dos o tres están reunidos en mi nombre, allí estoy yo en medio de ellos» (Mt 18,20). Todo lo que constituye a gran escala la Iglesia ya se da en la familia: al rezar, al asistir a la Santa Misa, al hablar de la fe, al estar ahí los unos para los otros y también para los demás, la familia es una iglesia doméstica.

¿Cómo se convierte una pareja en una «iglesia doméstica»?

Si realmente queréis convertiros en una iglesia doméstica: invitad a Dios a entrar en vuestro amor. Eso significa rezar. Vuestra oración puede ser muy, muy sencilla:

¡Hay que dejar que la iglesia doméstica se meta a veces hasta el salón de nuestras casas!

ALEXANDER, Alemania

➡ Estar en silencio, ante una imagen, con una vela al lado. Respirar la paz de Dios.
➡ Rezar juntos un padrenuestro.
➡ No comer sin bendecir la mesa. No irse a dormir sin rezar antes por la noche.
➡ Leer un salmo o el evangelio que toque ese día.
➡ ¡No hacen falta palabras grandilocuentes! Basta con decir: «Estamos aquí y nos encomendamos ahora enteramente a Ti, porque Tú, Dios, quieres hacerte más grande dentro de nuestras vidas».

La mejor herencia que un niño puede recibir es haber visto en sus padres a personas devotas.

MARIA, India

¡Hacedlo con regularidad! ¡No os quedéis atascados en las fórmulas! ¡No os exijáis demasiado con vuestros buenos propósitos!

B Hch 2,41-47 **CCE** 1655–1658 **Y** 271 **AL** 87

¿Cómo podemos vivir bien dentro del matrimonio si no compartimos la misma fe?

Para un cristiano puede suponer un gran sufrimiento que la persona con la que comparte su vida no pueda compartir lo más íntimo: su fe. Sin embargo, incluso un matrimonio así puede tener buenas perspectivas si se busca el amor cada día, se renuncia a la persuasión y la presión, y se pone en manos de Dios el doloroso anhelo de una unidad también en la fe.

El matrimonio con una persona de otra religión no es fácil, pero tampoco imposible. Es imprescindible el respeto mutuo por las creencias del otro. Lo ideal es que el cristiano católico pueda vivir su fe de forma abierta y acogedora y que sea posible educar en esta fe a los hijos que se tengan en común. Pero incluso cuando esto no sea posible, se pueden desarrollar valores importantes: la generosidad, la escucha y la comprensión de las preocupaciones del otro. La fe también puede expresarse al dar, al compartir y al trataros con cariño entre vosotros. Lo más importante es que cada uno apoye al otro en el amor a Dios y al prójimo, en el acercamiento a Dios y en la vivencia conjunta de los votos matrimoniales. Como creyente, puedes confiar en que Dios os acompañará en este camino.

Amar al cónyuge incrédulo, darle felicidad, aliviar sus sufrimientos y compartir la vida con él es un verdadero camino de santificación.

PAPA FRANCISCO, AL 228

¿Qué papel pueden jugar los suegros en el matrimonio?

Ninguno. O solo uno que proporcione ayuda. La joven pareja es la directora de su propio matrimonio. A veces, a los padres les cuesta aprender esto. Pueden apoyar a sus hijos con consejos y ayuda cuando sea necesario. Pero deben dar un paso atrás cuando la joven pareja dice: «Podemos hacerlo solos» o «Hemos decidido otra cosa». Esto también vale para todos los demás ámbitos de la vida.

Los suegros son una gran ayuda para la pareja. Es muy tranquilizador para mí saber que ahora tengo otros dos padres que me quieren.

DIVIN, Camerún

Hay un bonito proverbio que habla sobre lo que los hijos deben recibir de sus padres: raíces y alas. Cuando abandonan el hogar paterno, no tienen por qué perder sus raíces. Pueden llevarse consigo todo lo bueno: una base de confianza, la seguridad, los valores, la fe. Pero no aceptéis regalos que os hagan dependientes. Vuestro matrimonio es como un árbol nuevo en un jardín nuevo. Pedid a vuestros padres que os den alas para llegar a vuestro propio mundo. En el momento en que «dejáis a vuestro padre y a vuestra madre», tenéis derecho a vuestro propio camino y a vuestra propia vocación. Algún día podréis devolverles todo el amor que habéis recibido.

B Gén 2,24; Ef 6,1–4; Miq 7,6–7

¿Puede alguien casado tener amigos con los que comparta secretos?

Cuando te casas con alguien, le dices: «No quiero ocultarte nada de mí. ¡Eres la persona más importante de mi vida!». Si tienes esto claro, también puedes disfrutar de la felicidad de la amistad con personas con las que te une una historia común o determinados intereses. Pero también debes saber que hay que poner fin inmediatamente a cualquier amistad que pueda dañar o debilitar tu matrimonio. «No despertéis ni desveléis a la amada» (Cant 2,7), dice el Cantar de los Cantares. Vuestra intimidad no debe ser violada por ninguna persona ajena. Si esto está claro, la pareja solo puede salir ganando con un círculo de buenos amigos.

Puedes tener muchos amigos, pero solo puedes casarte con una persona. Solo a una persona puedes entregarte completamente. A menudo esta diferencia queda difuminada. Es posible que a tu alrededor haya personas que no respetan esa diferencia. Quizás un amigo espera de ti una intimidad que no puedes darle porque sería una «infidelidad» y una traición al gran amor con el que te has comprometido ante Dios. La cercanía y la distancia con terceras personas es algo que debe ejercitarse y nada tiene de malo pedir consejo a un acompañante espiritual o a una pareja católica con experiencia si tienes problemas en este sentido.

Nadie debería conocernos mejor que nuestra esposa o nuestro esposo, con una excepción: Dios, nuestro Señor.
PRISCILLA, Indonesia

CCE 2347 **Y** 1–3, 281 **AL** 123, 32

¿Todo amor pasa con el tiempo?

Los cristianos no viven de una reserva finita de sentimientos, sino, en última instancia, del amor de Dios: «El amor no pasa nunca» (1 Cor 13,8). El amor de una pareja puede pasar, pero también puede crecer y, a su manera, llegar a ser incluso más profundo y hermoso que en los primeros tiempos. Y es que el amor es más que un sentimiento: es una decisión.

> Quiero que me quiera alguien que haya decidido quererme y que vea en mí algo que merezca ser amado.
> **GARY CHAPMAN** (*1938), Asesor de parejas y autor americano

El amor es una fiesta, pero también es la cotidianeidad. Cuando se acabe el primer enamoramiento, ¡no os preocupéis! Es una oportunidad para alcanzar la siguiente fase del amor. Puede volverse más verdadero, más íntimo, más considerado con los errores del otro, puede estar más orgulloso de lo que se ha logrado y sufrido juntos, puede ser más respetuoso a la hora de apreciar al otro, más incondicional a la hora de entregarse. Las parejas felices tienen un secreto: «Hemos aprendido a rezar juntos a diario. ¡Así es como Dios se ha convertido en la fuente de energía para nuestro matrimonio!». Con todo: «¡Estad siempre en modo 'conquista'! No olvidéis el momento en que os enamorasteis perdidamente».

> ¡Dale siempre el trozo más grande de tarta de manzana! Este el fue consejo que me susurró en secreto mi suegro en la boda. Más tarde descubrí que lo mismo le había susurrado al oído a mi mujer.
> **LUC SERAFIN**

B 1 Cor 13,1–13; Jn 12,24–25; Jn 15,13
Y 8, 263, 193 **AL** 89, 90, 133, 135

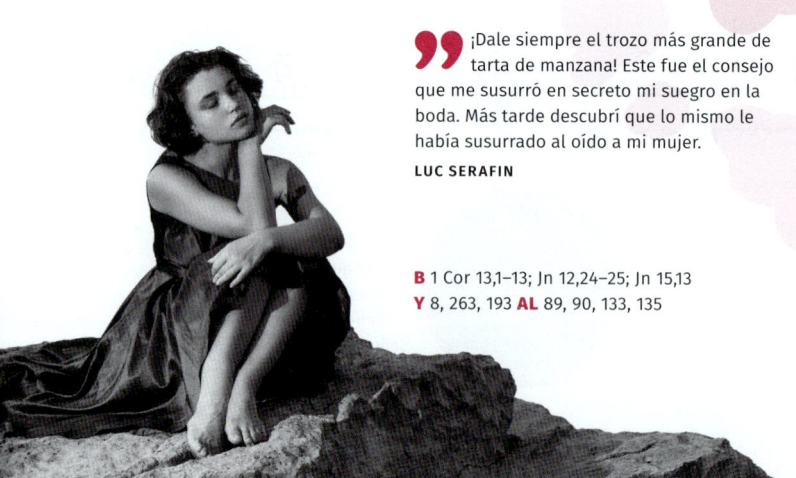

¿Qué hago con la soledad dentro del matrimonio?

El ser humano no está hecho para la soledad. Cuando Dios vio que Adán estaba solo, creó a Eva. Debemos ser una bendición los unos para los otros. Casarse y luego sentirse abandonado es una desgracia que hay que afrontar con el esfuerzo humano y la ayuda divina. Pero incluso en el matrimonio más feliz, el hombre y la mujer se ven desbordados si esperan el uno del otro la felicidad plena y el fin absoluto de su soledad. En el interior de cada persona queda un vacío que solo Dios puede llenar.

> Nuestro anhelo de ser plenamente reconocidos, comprendidos y acogidos va más allá de cualquier pareja humana. Apunta a lo eterno, a lo omnipresente.
>
> **PAUL ALTHAUS** (1888–1966), teólogo protestante

La soledad en el matrimonio puede ser opresiva y profundamente dolorosa. Incluso cuando no estamos solos, podemos sentirnos solos: no valorados, ignorados, faltos de amor.

➡ ¡No te refugies dentro de un caparazón en los momentos críticos!

➡ ¡Preséntale tu vacío interior a Dios! ¡Pídele una señal de su presencia!

➡ Sé consciente de que, para Dios, eres valioso. Tú ya eres amado antes de que te acepten los demás.

> Cada uno tiene sus cruces secretas. ¿Por qué no contarle a Dios lo que perturba al corazón, o pedirle la fuerza para sanar las propias heridas, e implorar las luces que se necesitan para poder mantener el propio compromiso?
>
> **PAPA FRANCISCO,** AL 227

> Si me siento solo en presencia de mi marido o mi mujer, quizá habría que tomar la decisión de pasar más tiempo juntos y hacer juntos cosas hermosas.
>
> **UGOCHI,** Nigeria

B Gén 2,18; Sal 25,15–17 **AL** 43

¿Qué pasa cuando alguien cambia tanto durante el matrimonio que ya no soy capaz de reconocerle?

Todo lo que vive, cambia. Desde el primer día, el matrimonio es un emocionante proyecto de crecimiento conjunto. Sin embargo, es terrible cuando el hombre y la mujer ya no quieren crecer juntos o cuando uno de los dos cambia tanto, por ejemplo, por la violencia, el alcohol o las drogas, que la vida en común se vuelve imposible.

El amor es una decisión que debéis tomar cada día. Cada día repetís vuestra promesa, vuestro «sí». Sin embargo, si empezáis a haceros la vida imposible, ¡mejor pedid ayuda y consejo a tiempo! Si la otra persona cambia hasta tal punto de que se convierte en una amenaza para tu vida y tu integridad física, la separación es inevitable. Pero incluso entonces, el matrimonio sacramental no ha terminado, porque el hombre y la mujer «ya no son dos, sino una sola carne. Pues lo que Dios ha unido, que no lo separe el hombre» (Mt 19,6). No son pocos los que viven esta forma tan dolorosa de amor fiel.

¿Cómo lidiar con los celos?

Los celos pueden ser una señal: cuando el amor tiene competencia y uno siente que el otro no está con él de corazón. Es importante hablar sobre este miedo. Pero también hay celos injustificados, por ejemplo, cuando no se deja al otro espacio para desarrollarse o cuando se tiene un miedo infundado a perder el amor del otro. Estos celos necesitan curarse mediante acompañamiento espiritual y, en casos más difíciles, también mediante ayuda psicológica.

> Dios bondadoso, tú conoces mis envidias y mis celos. También conoces mi impotencia para superar estos sentimientos. Envíame tu Espíritu y impregna con él mi envidia, para que se transforme en gratitud. E impregna con tu Espíritu también mis celos, para que el amor que hay en ellos se vuelva más fuerte que la duda y la desconfianza. Protege nuestro amor, para que nos una cada vez más profundamente. Y fortalece mi confianza en que tu mano bendecidora acompañará y preservará nuestro amor. Amén.
>
> **PADRE ANSELM GRÜN,** orden de san Benito

El celoso tiene miedo de no ser lo suficientemente amado o de no merecer ser amado. Este drama puede ser solucionado de raíz cuando la persona afectada se expone al amor curativo de Dios. Es importante que te aceptes con tus celos y no te culpes constantemente por ellos. Si esta es tu herida, no la escondas. Pide en vez de eso también a tu marido o a tu mujer que te acepten con esa debilidad. Y, sobre todo: muéstrasela a Dios. Cuéntale todo, incluso tu miedo a ser abandonado o menospreciado. No hay sitio donde puede tocarte Dios con más profundidad y poder curativo que allí donde tu herida es más profunda.

B Sant 3,16 **Y** 264 **AL** 95, 96

¿Qué se debe hacer si nuestro cónyuge se enamora de otra persona y hasta llega a acostarse con ella? ¿Significa automáticamente el fin del matrimonio?

En casi todos los matrimonios ocurre que, en algún momento, nos sentimos fascinados por otra mujer u otro hombre. Y a veces la tentación es tan grande que incluso se llega al adulterio: la hecatombe para cualquier matrimonio. En este caso, no solo se rompe con el marido o la mujer, sino que también se rompe el pacto con Dios. Sin embargo, esto no significa en absoluto el fin del matrimonio. Dios perdona todas las culpas y volver a aceptar a un cónyuge infiel es un acto heroico de amor. Una crisis puede incluso ser el comienzo de un amor más profundo.

No entables amistades que algún día puedan significar más para ti que tu marido o tu mujer. Si «eso» te pasa, eres tú quien tiene la responsabilidad de decir rotundamente «no» a la aventura y reconstruir la confianza en el amor de tu vida. Rompe inmediatamente todo contacto con la persona con la que tienes esa aventura. Acude a confesarte y busca de nuevo el amor perdido en tu matrimonio. Imagina lo difícil que será para la persona a la que has traicionado volver a confiar en ti. Si te arrepientes y pides perdón sinceramente, es posible, con la ayuda de la gracia de Dios, empezar de nuevo. Para ello, el seguimiento de terapeutas matrimoniales y también el acompañamiento espiritual son de gran ayuda. Si eres quien ha sido engañado, esto también te brinda la oportunidad de descubrir tus propias lagunas y de alcanzar un amor más maduro, en lugar de abandonarte a la amargura.

De ningún modo hay que resignarse a una curva descendente, a un deterioro inevitable, a una soportable mediocridad.
PAPA FRANCISCO, AL 232

B Lc 17,3–4 **CCE** 2353, 2364–2365, 2380–2381 **Y** 424 **AL** 232–240

¿Tiene límites el perdón?

No, el perdón cristiano no tiene límites. Según las palabras de Jesús, no debemos perdonar al prójimo siete veces, sino setenta veces siete (es decir, una y otra vez), independientemente de lo que nos haya hecho. La disposición de Dios al perdón es ilimitada, pero nuestras fuerzas humanas a veces tienen límites.

Del perdón resulta la reconciliación. PAPA SAN JUAN PABLO II

El perdón es el único antídoto eficaz contra el odio y el rencor. Dado que en un matrimonio se unen dos personas imperfectas, siempre se harán daño mutuamente. Por lo tanto, el matrimonio solo puede funcionar si ambos deciden perdonarse de todo corazón una y otra vez. A menudo necesitarás mucho tiempo para que el perdón por el que luchas llegue a tu corazón. Cuando, a pesar de todo, no se logra la reconciliación, cuando hay violencia o drogas de por medio, o cuando el matrimonio está tan destrozado que no hay perspectivas de mejora, la Iglesia acepta la «separación de cuerpos», para proteger a los más débiles.

B Mt 18,21–22 **CCE** 227, 314 **Y** 524 **AL** 61–66 **DC** 323

1 AGRADECE
a Dios por haberte perdonado
todo cuando se lo pediste y
por querer seguir perdonán-
dote también en el futuro.

2 VE
en los demás a tu hermana,
a tu hermano, nunca a tu
enemigo.

3 ESCUCHA
al otro tan bien como te
gustaría que te escuchara a ti.
Déjale hablar. Guarda silencio.
Pregunta para comprenderle
mejor.

4 DESCUBRE
en la debilidad del otro tu
propia debilidad. ¡Consi-
dera al otro igual que a ti
mismo a través de los ojos
de Jesús!

5 COMPARTE
tu dolor y tus sentimien-
tos sobre lo sucedido en
lugar de lanzar reproches y
acusaciones.

Diez pasos...

ESPECIAL

6 **¡MUÉSTRATE**
con tu vulnerabilidad!

7 **DATE**
a ti mismo y a los demás el
tiempo que necesitéis para
empezar de nuevo.

8 **TÓMATE TU TIEMPO,**
si el conflicto persiste, poneos de acuerdo
para hacer algo juntos que os haya unido
en el pasado. Salid de excursión, id a un
concierto...

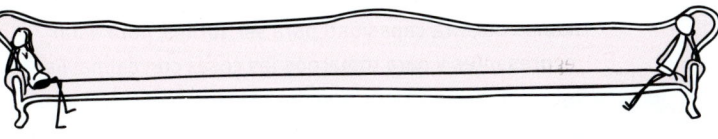

...para la reconciliación

9 **REZA**
al Espíritu Santo por la
reconciliación. Reza como si
todo dependiera de Dios y
actúa como si todo depen-
diera de ti.

10 **PON**
todo en manos de Dios y
repite para tus adentros
que algún día Él podría
sorprenderos con solucio-
nes que aún no podéis ni
imaginar.

¿El sexo y la ternura son lo mismo?

No. Hay ternura sin sexo. Pero nunca debe haber sexo sin ternura. El sexo sin amor es una contradicción en sí mismo. Porque el sexo es el lenguaje corporal natural y libremente ofrecido del amor. Quien obliga a tener sexo o incluso lo compra, destruye el amor, también dentro del matrimonio.

A menudo, las parejas experimentan el sexo como «algo excesivo, demasiado intenso, demasiado salvaje...». Sin embargo, el sexo es solo el lenguaje corporal del amor cuando la otra persona siente que no solo te diriges a su cuerpo, sino a ella como persona. Esto se manifiesta en abrazos, contacto visual, sonrisas y palabras... Dicho brevemente: en ternura. A través de la ternura, desarrollamos nuestra capacidad para ser sutiles, para estar presentes y para tomarnos las cosas con calma. Es muy importante percibir estos tenues y callados sentimientos en la otra persona. Así, el sexo se convierte en un dar y recibir, en un regalo para los dos.

En muchas zonas rurales de la India las expresiones físicas y los gestos de ternura entre hombres y mujeres, como los abrazos, los besos en la mejilla, etc., se consideran actos sexuales y, por lo tanto, son tabú. Esto ha dado lugar a algunos horribles asesinatos o a severos castigos por parte de las comunidades locales.

DERICK, India

¿Cómo podemos lidiar con las diferencias entre el hombre y la mujer en cuanto a las necesidades de ternura y sexo?

Que las mujeres piensen, sientan y amen de manera distinta a los hombres (y viceversa) no es una desventaja, sino un verdadero regalo de Dios. Al satisfacer llevados por el amor las necesidades del sexo opuesto, y al abrirnos e internarnos con curiosidad en el misterio del otro, nunca dejaremos de amar. Seguiremos vivos y nos haremos más humanos.

A menudo parece que los hombres tienen más ganas de sexo que las mujeres, pero el deseo de estas puede ser igual de fuerte, solo que se manifiesta de otra manera. Es apasionante, como cuando se baila, buscar juntos el ritmo adecuado. La mujer no debe dejarse «arrollar» y el hombre no debe sentirse rechazado. Así, el deseo mutuo se vuelve hermoso y gana en intensidad, calidad y duración.

Es importante en el matrimonio tener relaciones sexuales con regularidad para que la alegría de estar juntos no disminuya. Amarse sensual y físicamente y fundirse en uno solo es uno de los mejores regalos que nos podemos hacer. Crecer juntos deseándose es maravilloso. Sin embargo, los hombres deben comprender que hay muchas otras formas de expresar el amor, por ejemplo, fregar los platos.

PABLO Y AMALIA, España

¿Está permitido todo en el sexo con tal de que sea divertido?

Todo lo que sea una expresión auténtica de amor y respete la dignidad humana está permitido. La agresividad destruye en su esencia el juego placentero del amor. Precisamente en el sexo, nunca se debe degradar, humillar o avergonzar al otro en sus sentimientos.

La Iglesia no da a los matrimonios instrucciones concretas sobre lo que deben o no deben hacer en su vida amorosa, pero recuerda dos criterios fundamentales. En primer lugar, el deseo sexual es bueno, es un don especial de Dios. El hombre y la mujer deben disfrutar de su sexualidad mutuamente. En segundo lugar, el deseo tiene un marco que en el lenguaje tradicional se denomina «castidad». El sexo no es solo sexo, sino comunicación, un diálogo de amor, y para ello es absolutamente necesario que se perciba y se valore a la otra persona en su totalidad. Por lo tanto, deben rechazarse las prácticas sexuales que atenten contra su dignidad.

Dios ama el

? **CASTIDAD**
Casto es quien no tiene ni motivos impuros ni intenciones equivocadas en el amor, quien tiene claridad interior, quien sabe intuir lo que está en concordancia con el amor.

¡Frio!

¡Muy frio!

¿Qué pasa si mi marido me exige hacer algo que considero desagradable?

En la sexualidad está permitido que el hombre y la mujer se ofrezcan recíprocamente sus cuerpos de una manera bella e imaginativa. Sin embargo, no se utilizan el uno al otro como objetos de placer ni para su propia satisfacción personal, sino que se demuestran también durante el sexo que se respetan y se honran.

En el amor, nadie tiene derecho a exigir al otro algo que le resulte desagradable. Quien ama, respeta. En caso contrario, es abuso. Quizás resulte incómodo hablar de sexualidad, pero tienes el derecho, e incluso el deber, de decir lo que te molesta. Quizás la otra persona ni siquiera sepa lo que no te gusta o que te sientes utilizada. En algunos matrimonios incluso se dan casos de violación. Si es así, aunque sea tu propio marido, debes buscar ayuda externa.

gozo de sus hijos

PAPA FRANCISCO, AL 54

¡Más frio todavia!

¡frio!

¡Más frio!

B ¿Acaso no sabéis que vuestro cuerpo es templo del Espíritu Santo, que habita en vosotros y habéis recibido de Dios?

1 Cor 6,19

B 1 Cor 13 **Y** 402 **AL** 124, 208

¿Se puede buscar un poco de excitación en el porno cuando el sexo se vuelve aburrido?

Bajo ninguna circunstancia. Mirar a otros tener sexo para estimular el que tenéis vosotros significa dar entrada al veneno de la infidelidad en lo más hondo del corazón que ama.

FLASH **16** ♥ *LIGHT*

Si el sexo ya no es divertido, es seguro que hay problemas más profundos. Porque cuando el lenguaje corporal se queda sin palabras, a menudo el hombre y la mujer tampoco tienen mucho más que decirse. El consumo de pornografía mata el matrimonio. Oculta los problemas en lugar de abordarlos. ¡Nunca incorporéis la pornografía a vuestro estilo de vida! Acostarse juntos es el secreto más íntimo entre un hombre y una mujer. Romperlo con «elementos extraños» destruye lo esencial: el lenguaje del amor.

Uuuuh...

CCE 27, 1718–1719, 1725, 2331–2336 **Y** 281 **AL** 61–66 **DC** 1, 5, 9

¿Qué pasa si (con el tiempo) empiezo a aborrecer el cuerpo de mi pareja?

En el amor disfrutamos del atractivo erótico del otro. El hecho de que el otro sea «sexy» hace que nos enamoremos y que nos sintamos atraídos repetidas veces. Sin embargo, mi marido o mi mujer es más que el cuerpo atractivo que me causa placer: es la persona que merece mi amor y que he elegido. El amor se consuma al aceptar real, definitiva e incondicionalmente al otro.

Nadie permanece siempre joven. Nuestros cuerpos envejecen, enfermamos y algún día moriremos. Eso es seguro. Sin embargo, la felicidad del amor puede profundizarse con el paso de los años, porque en el otro se descubre una belleza interior que al principio estaba oculta. «Bello», dice el poeta Christian Morgenstern, «es en realidad todo lo que se mira con amor. Cuanto más ama alguien al mundo, más bello le parece». Para que el otro me mire con amor y me descubra siempre de nuevo, me arreglo para él. No descuido mi físico y cuido mi aspecto y mi salud.

B Dt 30,19; 1 Cor 13 **Y** 402 **AL** 124, 208

¿Puedo decidir, dentro del matrimonio, no tener más sexo?

Sí y no. La unión sexual en el matrimonio es la expresión física de la entrega mutua entre el hombre y la mujer: ya no son «dos, sino una sola carne» (Mt 19,6). Las parejas deben procurar que su encuentro no degenere en un «deber conyugal», sino que se debe convertir para ambos en una celebración, una expresión de su amor. Sin embargo, puede haber fases en las que la abstinencia sexual se convierta en una forma de expresión del amor y de la consideración hacia el otro.

No existe el derecho al sexo: ni siquiera en el matrimonio. Sin embargo, igualmente sería desconsiderado privar de sexo a la pareja. Ambos deben hablar abiertamente, escuchar juntos a Dios y no solo procurar su propio bienestar, sino también el del otro.

? **ABSTINENCIA** significa contenerse voluntariamente respecto de algo

B 1 Cor 7,5 **CCE** 364, 2360–2363 **Y** 400, 403, 417 **AL** 142–152, 231

> **¿Cómo cambia mi vida al ser padre o madre?**

El amor entre un hombre y una mujer conlleva el deseo de, algún día, poder regalar vida. Desde el momento en que un niño crece en el vientre de la madre se produce un cambio profundo entre los amantes: se acercan a Dios, al Creador, como nunca antes lo habían hecho y ahora son padre y madre para toda la vida y conforman, con suerte, una familia. Una riqueza, una felicidad y una gran responsabilidad.

Una madre es la única persona en el mundo que te quiere antes de conocerte.

JOHANN HEINRICH PESTALOZZI (1746–1827), pedagogo suizo

Llega un hijo y la vida cambia por completo. Al principio hay que cuidar al bebé las 24 horas del día, levantarse por la noche, darle de comer, cambiarle los pañales... Se sacrifica mucho tiempo para estar ahí atendiendo a ese pequeño ser. Durante un tiempo no se puede estar, como pareja, tan presente como antes. No se puede seguir con la carrera profesional ni con las aficiones tal y como se desearía. Sin embargo, ocurre algo muy bonito: la vida se vuelve más profunda y cada uno se sorprende del otro: los hombres que son rudos se vuelven de repente «paternales» y las mujeres que son aguerridas desarrollan rasgos «maternales».

B 1 Pe 4,10 **Y** 372, 516 **CCE** 2231 **AL** 55, 166, 172–177

Todo cambia. Nuestra relación cambia, nuestra vida privada y amorosa cambia, y nuestros cuerpos también cambian. No hay familia sin cambios. En los momentos en que lo notamos, extendamos con valentía nuestras manos hacia Dios y digamos: ¡Señor, guíanos en estos instantes para modelarnos de acuerdo con tu gloria!

ALEXANDER, Alemania

Ser padres no ha afectado en absoluto nuestra relación amorosa. Al contrario: hoy apreciamos aún más el amor que sentimos el uno por el otro.

JOHNPAUL, Nigeria

A más tardar cuando se tienen hijos, surge la oportunidad de hablar sobre los valores y las creencias que se les quieren transmitir y sobre cómo se puede vivificar la fe dentro de la familia.

LEANCHA, Irlanda

La paternidad me ha convertido en una persona más empática, más cariñosa con mi mujer, más respetuosa con mis padres y más consciente de mi forma de vivir, porque sé que mis hijos me observan constantemente.

RAYMOND, India

Cuando era un joven de treinta y tantos años, quería cambiar el mundo y me encontré cambiando pañales. Al principio fue duro. Hoy me doy cuenta de que eso me ha hecho madurar mucho y que mi verdadera vocación en la vida es mi familia.

JOE, Irlanda

¿Cuál es el papel del padre y la madre en la educación de los hijos?

La tarea más importante de los padres es proporcionarles a sus hijos un hogar seguro. Nadie hay más importante en la vida de un niño que su padre, excepto su madre; y nadie hay más importante que su madre, excepto su padre. Dios creó al ser humano como hombre y mujer para que se complementaran y se apoyaran mutuamente. Así como se necesita un padre y una madre para concebir un hijo, lo mismo cabe decir de su educación.

Aunque en todas las culturas del mundo hay más similitudes que diferencias entre hombres y mujeres, los investigadores del comportamiento hablan de estilos complementarios por parte de madres y padres a la hora de jugar y educar. A menudo, los padres juegan con sus hijos de forma más física y desafiante, o les gusta establecer límites claros. Las madres, por el contrario, juegan de forma más tranquila y cariñosa, y educan de forma más comunicativa. Los hijos quieren aprender del padre lo que significa ser hombre; las hijas aprenden de la madre lo que significa ser mujer. Para las hijas, el padre es la primera y más importante «prueba con los hombres», para los hijos, la madre es la primera mujer de su vida. Cuanto más cariñosa y respetuosa sea la relación de los padres entre sí y con los hijos, más fácil será que estos adquieran confianza en sí mismos y la capacidad de establecer vínculos afectivos en el futuro.

B Dt 5,13–19 **Y** 368, 418 **AL** 55, 175

¿Cómo podemos aprender a rezar con los niños como familia?

Siendo realistas, la oración con los niños no suele ser algo muy devoto durante años. Sin embargo, la oración que se practica pacientemente con los niños es una oportunidad única tanto para los padres como para los hijos de aprender juntos lo bonito que es dirigirse a Dios con confianza y sentir su cercanía. Los niños nos obligan a encontrar palabras sencillas y sinceras con las que dar gracias a nuestro Creador, alabarlo y glorificarlo por todo el bien que nos da. Juntos podemos pedirle su ayuda y protección en las pequeñas y grandes necesidades de la vida cotidiana.

Si se reza con los niños, aprenderán a creer

JERONIMO, Brasil

Cada familia encontrará su propia forma de relacionarse con Dios. Aquí hay algunas ideas: antes de dormir o de ir al colegio, podéis hacerles una cruz en la frente a los niños y bendecirlos. Antes de comer, podéis rezar en la mesa una oración. Por la noche, podéis leerles en la cama un cuento de la Biblia para niños. De esta manera, la historia de la curación del paralítico puede pasar a ser una oración por la curación de la abuela enferma. Entregad el día a Dios, dadle las gracias, pero también lamentad las dificultades y pedid perdón, por ejemplo, por la impaciencia que habéis tenido como padres o por las peleas entre hermanos. Y muy importante: vivid con la parroquia y seguid el año litúrgico, introducid en la familia el Adviento, la Navidad, la Pascua y Pentecostés. Id a la iglesia. Así, «el espacio vital de una familia se puede transformar en una iglesia doméstica, una sede de la Eucaristía, de la presencia de Cristo a la misma mesa» (AL 15). Y, en cualquier caso, en una experiencia que acompañará a vuestros hijos toda la vida.

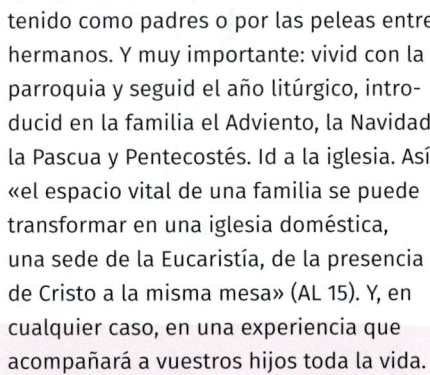

B Mt 6,7–13 **AL** 227, 318

¿Pueden decidir los propios padres cuántos hijos quieren tener?

¡Por supuesto! A la luz de Dios, una pareja casada puede decidir de forma responsable el número de hijos que desea tener y el intervalo entre sus nacimientos. Sin embargo, poder dar la vida es un don maravilloso de Dios que, en principio, ninguna pareja cristiana debe rechazar.

A veces hay circunstancias sociales, psicológicas y sanitarias en las que tener otro hijo supondría para la pareja un reto enorme, casi sobrehumano. Pero hay criterios claros que las parejas casadas deben tener en cuenta: en primer lugar, el control de la natalidad no puede significar que una pareja excluya por principio la posibilidad de tener hijos. En segundo lugar, no puede significar que se limite el número de hijos por motivos egoístas. En tercer lugar, no puede significar que haya coacción externa (por ejemplo, que el Estado decida cuántos hijos puede tener una pareja). Y en cuarto lugar, no puede significar que se recurra a medios abortivos que nos degradan para evitar tener hijos.

guaaa guaa

No, ninguna empresa del mundo puede exigirte que congeles tus óvulos para tener hijos cuando ya seas estéril. La concepción de un hijo no puede ser un proceso técnico. Todo hijo merece nacer del amor de un hombre y una mujer. Al fecundar un óvulo con el semen de un hombre en el cuerpo de una mujer, Dios, el Creador, nos permite participar en el milagro de una nueva vida. Nadie, absolutamente nadie, tiene derecho a interferir en este acto tan íntimo entre un hombre y una mujer.

¿Puede exigirme una empresa que congele mis óvulos para planificar la familia?

Las empresas con ánimo de lucro animan a las mujeres a congelar sus óvulos para retener a empleadas cualificadas. Les prometen dinero y una carrera profesional y les insinúan que pueden liberarse de las frustrantes limitaciones biológicas. En realidad, se trata de una nueva forma de explotación femenina. Se ignora la dignidad inviolable de la mujer. No debes confiar en nadie que no se interese por tu bienestar en su totalidad. Una empresa realmente buena permite a las mujeres conciliar la vida laboral y la familiar, ofrece horarios flexibles, teletrabajo, ayudas adicionales para el cuidado de los hijos, etc.

Trabajo para una empresa internacional y he visto cómo mis compañeras han abortado o se han esterilizado para tener éxito dentro de la empresa. Las mujeres, si quieren estar a disposición de sus familias o, incluso, si únicamente están intentando tener un bebé, no cobran un buen sueldo y no pueden ascender. La congelación de óvulos, la fecundación *in vitro*, el aborto y otras cosas similares son temas totalmente normales en nuestra empresa.

JUNGE FRAU AUS BANGALORE, India

¿Está permitida la esterilización? ¿Puedo hacer que me esterilicen si estoy seguro de que no puedo o no debo tener más hijos?

Ser fértiles y poder dar vida es un regalo único, una gracia de Dios. Por eso, la Iglesia rechaza las intervenciones artificiales que, violentando las cosas, impiden y hacen imposible una nueva vida. Esto incluye la esterilización del hombre o de la mujer. Esterilizarse sin motivos fundados es además una mutilación y, por lo tanto, un pecado.

Muchos dicen a la ligera: «Los hijos no son una opción para mí» y se esterilizan. Más tarde se arrepienten de su decisión y se proponen revertir ese «procedimiento tan drástico», por cierto, con un éxito muy incierto. La Iglesia no solo defiende a las personas contra la esterilización o el aborto impuesto por el Estado, como todavía se practican en algunos Estados totalitarios. También quiere proteger a las personas y a las parejas de decisiones que suponen una injerencia en lo que la vida tiene de sagrado.

Algunas organizaciones no gubernamentales, además, difunden el aborto, promoviendo a veces en los países pobres la adopción de la práctica de la esterilización, incluso en mujeres a quienes no se pide su consentimiento
PAPA BENEDICTO XVI, *Caritas in veritate* 28

¿Una familia que no puede tener hijos deja de ser imagen de Dios?

¡En absoluto! Se puede ser una persona paternal o maternal de muchas maneras y convertirse juntos en imagen del amor de Dios, incluso sin disfrutar del don de los hijos biológicos.

Cuando no hay hijos en un matrimonio, esto puede suponer un gran dolor para ambos. El hombre y la mujer suelen sufrir de manera diferente. Nunca se debe considerar la falta de hijos como un castigo de Dios. Dios conoce muchos caminos. También una pareja cristiana sin hijos puede «vivir la fecundidad del amor» (Papa Francisco, AL 181): puede ser fecunda espiritualmente, puede abrir su casa a la hospitalidad, puede ser una «iglesia doméstica». Se puede ser padrino o madrina, esa «persona especial» en la vida de un joven. Quizás Dios confíe a una pareja sin hijos la tutela de un niño o la adopción de un niño necesitado nacido de otros padres. Si la pareja no se cierra sobre sí misma, sigue siendo imagen del amor creador de Dios hacia el mundo y del fecundo amor de Cristo hacia su Iglesia.

¡Qué maravilla! Dios puede unir a las personas en el Espíritu Santo para que engendren hijos espirituales. ¡Y cuántos hijos maravillosos tienen entonces! Esto se ve claramente al observar las vidas de san Juan Pablo II y de la santa Madre Teresa. ¿Acaso fueron estériles? ¡No! Nada impide tampoco a una pareja casada invertir parte de su vida en los demás.
MARIA, India

B Gén 35,11; Is 54,1; 66,8; 51,3; 1 Cor 6,17
Y 262 **C** 1654 **AL** 83

Si no podemos tener hijos de forma natural, ¿podemos recurrir a la inseminación artificial o a la gestación subrogada?

No. La gestación subrogada es indigna para el ser humano: para el que la «encarga», para la madre subrogada y, sobre todo, para el niño. La inseminación artificial también es inaceptable. «Toda ayuda por parte de la medicina y de la investigación para concebir un hijo debe detenerse cuando se disuelve o se destruye por medio de una tercera persona la paternidad conjunta de los padres o cuando la concepción se convierte en un acto técnico fuera de la unión sexual dentro del matrimonio» (YOUCAT 423). Sin embargo, la medicina moderna desarrolla métodos cada vez mejores con los que una pareja puede aprovechar sus posibilidades naturales.

No poder tener hijos pese a quererlo es un doloroso desafío para muchas parejas casadas. Sin embargo, no existe el derecho a «producir» hijos mediante técnicas artificiales, ya que ellos son un regalo de Dios. Todo niño tiene derecho «a tener un padre y una madre que puedan conocerlo y que estén unidos por el vínculo matrimonial». La inseminación artificial con el semen de un hombre ajeno (inseminación heteróloga) y la fecundación «quebranta el derecho de ambos cónyuges 'a llegar a ser padre y madre exclusivamente el uno a través del otro' (DV 2, 1)» (CCE 2376). Pero también se pueden plantear cuestiones éticas sobre la inseminación homóloga (en la que el semen procede del propio marido). A menudo esos pequeños seres humanos son producidos y congelados, pudiendo ser abortados si están «de más». Por eso, la Iglesia también rechaza el DGP (Diagnóstico Genético Preimplantacional) cuando se realiza con el fin de matar embriones imperfectos. Cuando un niño se convierte en el producto de un proceso técnico, algunos se plantean la cínica pregunta de la calidad y la responsabilidad del producto. Existen buenas razones para que un niño sea solo el fruto de la unión amorosa que se da en un encuentro sexual entre personas.

B Sal 139,13–15 **CCE** 2376–2377 **Y** 422, 423 **AL** 54, 170

Si una pareja es estéril, ¿cómo debe lidiar con el sufrimiento y con la presión social que genera en algunas culturas?

Cuando a la angustia de la infertilidad se suma la presión externa, una pareja puede llegar al límite de sus fuerzas. Lo que ambos necesitan en ese momento es la ayuda de amigos fieles, la oración conjunta para encontrar fuerza interior y la disposición a replantearse su vida. Nadie en el mundo tiene derecho a menospreciaros. Si no podéis tener hijos, Dios os abrirá otra puerta hacia una vida plena y feliz. Pues Él puede transformar cualquier sufrimiento, por grande que sea, quizá haciéndoos que os planteéis la pregunta: «¿Cuál es nuestro destino?».

Las palabras de las Sagradas Escrituras nos hacen fuertes y resistentes. Por un lado, está la frase: «Llevad los unos las cargas de los otros» (Gál 6,2). En el dolor profundo, el amor entre un hombre y una mujer puede hacerse más grande que antes, y ambos pueden descubrir a aquel que «tomó nuestras dolencias y cargó con nuestras enfermedades» (Mt 8,17): Jesús. Y están esas otras palabras que animan a la pareja a no encerrarse en su angustia interior: «Alegraos con los que están alegres; llorad con los que lloran» (Rom 12,15). ¡Buscad con otros cristianos la comunión: os consolará! Quizás incluso encontréis personas que hayan vivido experiencias similares.

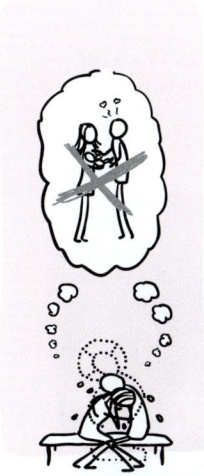

Como muestra el evangelio, la infertilidad física no es un mal absoluto, pero para innumerables matrimonios supone un gran sufrimiento. Sin embargo, todo sufrimiento es siempre una oportunidad para renovar el «sí» y la plena confianza en Dios y, en principio, para aceptar la vida tal y como viene. Por otra parte, la Iglesia nos enseña que el matrimonio no está destinado únicamente a la procreación. Por lo tanto, si no se cumple el deseo de tener hijos, el matrimonio sigue siendo una comunidad de vida plena y conserva su valor y su indisolubilidad. Además, la paternidad no es una realidad exclusivamente biológica, sino que se expresa de diferentes maneras. En este sentido, toda pareja está llamada a alguna forma de fecundidad.

B Is 49,14–16 **CCE** 2373–2379 **AL** 178–184

La adopción, es decir, acoger a un niño ajeno como si fuera propio, es un acto maravilloso de amor al prójimo. Sin embargo, debe estar motivada por una compasión sincera y un amor desinteresado, y nunca porque alguien crea que necesita un niño para realizarse a sí mismo. Los niños tienen derecho al amor, pero nadie tiene derecho a tener un hijo.

¿Qué piensa la Iglesia sobre las adopciones?

La Iglesia anima expresamente a dar un nuevo hogar a los niños sin familia mediante la adopción. La adopción de un niño puede ser una forma de que una pareja viva su «fecundidad espiritual». Esto es lo contrario de procurarse niños egoístamente, ya sea mediante la gestación subrogada, la trata infantil u otros medios. Los niños nunca deben ser instrumentalizados, ni siquiera para llenar el vacío existencial de una persona o una pareja. La Iglesia tiene, pues, buenos motivos para desear que los niños sin hogar accedan a una comunidad de amor en la que puedan experimentar lo que es tener un padre y una madre.

🅱 El que acoge a un niño como este en mi nombre, me acoge a mí.

Mc 9,37

B Mc 9,37 **CCE** 2378–2379 **Y** 422, 435
AL 124, 208 **DV** 2, 8 **FC** 14,31

¿Hay una preeminecia del varón sobre la mujer en el matrimonio? ¿Hay ciertos ámbitos (economía, tareas del hogar, educación de los niños...) que están reservados exclusivamente a uno de los cónyuges?

Ante Dios, las mujeres y los hombres son exactamente iguales en dignidad, aunque esto no sea algo aceptado en todo el mundo. Dios no distribuyó de manera fija entre mujeres y hombres sus roles en el plan de la creación. Sin embargo, el matrimonio está formado por dos personas con cromosomas, hormonas y talentos diferentes que harían bien en contribuir al matrimonio con sus preferencias y sus capacidades específicas. En el amor no hay lugar para las luchas de poder.

Lamentablemente, todavía hay culturas en las que las decisiones políticas y laborales, las familiares o económicas son competencia exclusiva de los hombres. Apartando el hecho de que los hombres no pueden tener hijos y de que la madre tiene otro tipo de obligaciones frente a los hijos a las que tiene el padre, no hay ningún ámbito en el matrimonio en el que el hombre y la mujer no tengan las mismas responsabilidades, los mismos derechos y los mismos deberes. Por supuesto que es necesario hablar y repartir las responsabilidades de mutuo acuerdo. Pero siempre habrá ámbitos en los que uno aportará más destrezas que el otro.

Hemos tomado muchas decisiones equivocadas en nuestra vida matrimonial. Todas las decisiones que hemos tomado juntos y en oración han sido, sin embargo, buenas decisiones.

THIERRY Y CHRISTINE, Francia, 45 años casados

B Gál 3,28 **CCE** 2333–2335 **AL** 54, 175, 220

¿Qué tan necesario es llegar a acuerdos para que funcione nuestro matrimonio?

¡No os conforméis con llegar a acuerdos ventajosos para una de las partes! ¡Buscad soluciones comunes! ¡Y desead cada uno lo mejor para el otro!

> ¡Tenemos que salvarnos todos juntos! ¡Llegar juntos a nuestro querido Dios! ¡Presentarnos juntos ante Él! No podemos acudir a Él unos sin otros. Todos juntos debemos regresar a la casa de nuestro Padre. ... ¿Qué pensaría Él de nosotros si llegáramos sin los demás, si volviéramos al hogar sin los demás?
>
> **CHARLES PÉGUY** (1873–1914), poeta francés

Un matrimonio basado en falsos acuerdos es una lata. Se aceptan a la fuerza cosas a las que en realidad no se ha dicho «sí». Estar siempre dispuesto a mirar al otro con respeto y a buscar juntos lo mejor para los dos es un elemento esencial de un matrimonio feliz. «En cada nueva etapa de la vida matrimonial», dice el papa Francisco, «hay que sentarse a volver a negociar los acuerdos, de manera que no haya ganadores ni perdedores, sino que los dos ganen». (AL 220) Los acuerdos satisfactorios se basan en ese amor que describió san Pablo como signo distintivo de los cristianos de la siguiente manera: «Es paciente, benigno; el amor no tiene envidia, no presume, no se engríe. No es indecoroso ni egoísta, [...] no lleva cuentas del mal» (1 Cor 13,4-5).

> Un matrimonio perfecto está formado por una mujer imperfecta que se niegan un marido imperfecto y completamente a renunciar el uno al otro.

¿Me impide el matrimonio descubrir mi vocación personal y desarrollar mis talentos?

Dios no completó la historia de la Creación del ser humano con una sola criatura, Adán, sino con alguien «como él, que le ayudase» (Gén 2,20). En el matrimonio, la mujer y el hombre deben encontrar en el otro la ayuda que hace que la vida de ambos sea algo pleno, hermoso y con sentido. Por lo tanto, no solo existe la vocación al matrimonio, sino que en el matrimonio ambos debéis daros libertad para alcanzar lo mejor que hay en cada uno de vosotros.

Desarrollar el hábito de dar importancia real al otro. Se trata de valorar su persona, de reconocer que tiene derecho a existir, a pensar de manera autónoma y a ser feliz ... Para ello hay que tratar de ponerse en su lugar e interpretar el fondo de su corazón, detectar lo que le apasiona.

PAPA FRANCISCO, AL 138

El matrimonio crea un «nosotros» que permite que florezca la individualidad del hombre y de la mujer. Dios nos ha creado para que nos ayudemos mutuamente a desarrollar nuestros dones. Pregunta al otro cuáles son sus necesidades. ¡Así descubrirás sus dones, sus talentos y sus sueños! Apoyaros el uno al otro en vuestro desarrollo profesional y en vuestras aficiones personales, ya sean el deporte, la lectura, la pintura... Esto nunca será posible sin concesiones, especialmente si hay niños. Pero si cada uno se adapta a los deseos del otro en determinados momentos, ambos seréis felices.

¿Cómo puedo vivir el matrimonio sin que esto suponga el final de mi desarrollo personal?

Quien ama, realiza su verdadero yo, porque Dios nos ha creado para amar. Entregarse por amor no significa renunciar a uno mismo. Jesús dice: «Amarás a tu prójimo como a ti mismo» (Mt 22,39) Pero solo quien se ama y se acepta a sí mismo, quien se cuida y desarrolla sus propios dones y capacidades, puede amar. Porque también en el amor rige el siguiente principio: solo puede dar quien tiene algo que ofrecer.

Pregúntate en qué momento empezaste a echarte a perder. No es fácil ser receptivo y honesto consigo mismo.

INES, Indonesia

El amor quiere que el hombre y la mujer crezcan juntos. Es un camino que vale la pena recorrer, pero también es un camino del que uno se puede desviar hacia un lado u otro. Uno puede perseguir ciegamente sus propios intereses y perder de vista el bienestar de la familia y del cónyuge. O puede sacrificar todo por la familia y quedarse por debajo de sus posibilidades y reducido a la insignificancia. Encontrar un buen equilibrio es un arte, especialmente cuando llega un hijo. Hablad abiertamente y con cariño sobre vuestras necesidades. A todo esto, hay que decir que en el trabajo todo el mundo es sustituible. ¡Pero los progenitores no lo son! ¡Ni siquiera el padre! No solo los niños desean fervientemente tener un padre que se involucre en su vida, sino que muchos hombres también desearían a veces tener más tiempo para estar con sus hijos. Disfrutad regularmente de un rato de descanso en el que podáis hablar sobre vosotros mismos, sobre vuestra relación y sobre el reparto de las tareas.

> Saber obtener alegría de la alegría de los demás es el secreto de la felicidad.

GEORGES BERNANOS (1888–1948), escritor francés

> **Soy mujer y tengo una formación magnífica, ¿debo renunciar a mis habilidades solo por querer ser madre?**

La Biblia dice: todo tiene su momento. Así que quizá te llegue el momento de realizar tu carrera profesional y te llegue también el de ser madre. Ser madre es una vocación especial y un regalo de Dios. Por eso, tu profesión pasará a un segundo plano durante un tiempo. El cuidado del niño te irá diciendo cuánto tiempo y energía puedes dedicarle en cada momento a seguir prosperando en tu carrera profesional.

Cuando te conviertes en madre, se te confía lo más valioso del mundo: un pequeño ser humano. Durante las primeras semanas y meses, tu bebé te necesitará a tiempo completo. Durante los dos o tres primeros años, normalmente se sentirá más seguro a tu lado. Ser madre integra una docena de profesiones. Así que puedes, por lo tanto, aprovechar tus talentos cuando tienes un hijo. Sé creativa. Retoma tu trabajo poco a poco, cuando vaya siendo el momento adecuado para ti y para tu familia. Y, sobre todo, confía en tu marido para cuidar de vuestro hijo. ¡Refuerza su confianza a la hora de estar implicado como padre! Él es tan importante para vuestro hijo como tú. Ten paciencia: la vida tiene diferentes etapas. Quizás ahora tengas que dar un paso atrás para que tu hijo no tenga carencias afectivas o para que tu marido pueda concentrarse en la base material de vuestra familia. Cuando los niños sean mayores, llegará el momento de decidir juntos cómo conciliar la vida profesional y familiar.

Cuando nuestros hijos eran pequeños, me quedaba en casa. Pero mi marido siempre me permitía seguir formándome los fines de semana, haciéndose cargo de los niños. Así, mi formación no se estancó y él se mantuvo al tanto de lo que pasaba con los niños.

MICHAELA, Alemania

¿Cómo tomar buenas decisiones dentro del matrimonio?

Cuando estéis casados, os encontraréis con muchas personas que saben exactamente lo que debéis hacer. Os dirán cómo debéis comportaros o cómo debéis educar a vuestros hijos. Sin embargo, cuando se trate de decisiones realmente importantes, es mejor no escuchar solo a tal o cual persona, ni decidir de inmediato, sino buscar el silencio. ¡Escuchad la voz de Dios! Pedidle a Dios «discernimiento de espíritu». Si os habéis tomado vuestro tiempo y habéis recabado su consejo, si habéis dialogado con amor y habéis escuchado a Dios, llegaréis a un punto en el que estaréis unidos y encontraréis la paz necesaria para las decisiones importantes.

B 1 Re 3,9–12

A veces nos enfrentamos a grandes cuestiones, por ejemplo: ¿tenemos derecho a separarnos? ¿Podríamos dar acogida a un niño sin hogar? ¿Debería aceptar ese trabajo en el extranjero? Otras veces son pequeñas decisiones cotidianas dentro del matrimonio. ¡Bienvenidos, en cualquier caso, al campamento donde entrenamos nuestra fe práctica y aplicada! Si queréis ser una pareja cristiana, dadle a Dios un papel en vuestra casa, en vuestra vida, en vuestros pensamientos. ¡Dejad que él tenga voz en todos ellos! Interesaos por lo que ÉL quiere de vosotros. Veréis cómo esto os hace avanzar. Indagad en lo objetivamente bueno a la luz y en la presencia de Dios. ¿Tengo en cuenta el bien del otro y de la familia? ¿Soy solo yo o somos los dos juntos los que encontramos paz al tomar una cierta decisión? ¿Nos acerca esta decisión más al otro? ¿Nos alejará, después de todo, de Dios?

ESPECIAL

El Espíritu de Dios

En el matrimonio, necesitaréis una y otra vez ese «espíritu de discernimiento» que se ha desarrollado a lo largo de los siglos en la espiritualidad cristiana. Para poder tomar las decisiones correctas, aquí tenéis un útil listado de recomendaciones:

No oprime, al contrario, da libertad, alegría, ayuda, hace que se agudice la sensibilidad para detectar el pecado.

Conduce siempre a Jesús.

No exige demasiado, no pide esfuerzos desmesurados que superan mis posibilidades.

Ofrece el perdón, la liberación y la conciencia de las necesidades que tienen los demás. Anima a no juzgar negativamente.

Dice siempre cosas constructivas, inspiradas por el Espíritu de Dios. Es fuente de alegría, de paz, de una implicación positiva.

Nos conduce a lo esencial.

Hace madurar y crecer, avanza paso a paso, da tiempo, no reclama, sino que pide por favor.

Da impulsos para permanecer activo, nos despierta.

Nunca atenta contra el amor, conduce a él.

Da serenidad interior, seguridad y fuerza. No hace uso de la amenaza como medio de persuasión.

No va de un lado a otro. Conduce por un camino recto, claro y comprensible.

Guía como una necesidad inmediata. Es Dios haciendo sentir su voz en cada momento, exigiendo que estemos abiertos para el siguiente paso.

Se ofrece, quiere que le pidamos, que le solicitemos.

El espíritu...

El espíritu del engaño

Pone los errores bajo una luz triste y desesperada, condena y desalienta, genera miedo.

Aleja de Jesús.

Exige demasiado. Utiliza los grandes ideales, los motivos nobles y palabras sagradas para sembrar la confusión.

Conduce a la rudeza, a la obstinación, a la insistencia en el derecho a las propias pretensiones.

Utiliza palabras que empequeñecen, desaniman, desesperan y desmoralizan.

Aleja de lo esencial.

Es impaciente, demanda, ordena, presiona, coacciona, plantea exigencias definitivas, aboca a la resignación.

Paraliza, conduce a la pasividad y disuade de actuar.

Es despiadado y egoísta.

Presiona, crea mala conciencia y desazón.

Lleva por caminos tortuosos, guía de forma errática, es poco claro, cambia a menudo de opinión.

Siempre recuerda los últimos pasos (inútiles), nuestras derrotas y fracasos, lo que nos asusta y nos intimida.

Obliga.

...de discernimiento

El matrimonio es una vocación que se tiene en común. A través de ti, tu cónyuge ha de reconocer la paciencia, la ternura, el divertimento y la fidelidad que hay implicados en el amor de Dios. Por eso, una ceremonia por la Iglesia no es simplemente algo que embellezca tu boda, sino que es un sacramento: una vocación que tienes que hacer tuya y que te exige, igual que ocurre con la vocación del sacerdote.

Examinadlo todo; quedaos con lo bueno.

1 Tes 5,21

Al haberos elegido el uno al otro, al vivir fielmente este amor, al estar dispuestos a acoger hijos entre vosotros y a acompañarlos durante toda su vida, os asemejáis al Creador y al Sustentador de todas las cosas, y emuláis el amor de Dios. Cuando hagáis cosas normales con una entrega fuera de lo normal, se reflejará allí la belleza del Evangelio y de la familia. Vuestra familia normal y corriente puede convertirse así en una «iglesia doméstica» (LG 11) y ser una célula viva por medio de la cual Dios habite entre los hombres.

AL 11
HV 26

Agradecimientos

Agradecemos a gente joven de todas las partes del mundo
por sus aportaciones, preguntas y sugerencias. ¡Sin ellos
este libro no hubiera sido posible!

Agradecemos especialmente también a Bernhard Meuser, Michaela von Heereman, Johann Rhee y al equipo de redacción al completo por la recopilación de todas las preguntas y por su trabajo editorial.

Índice temático

E

Índice de nombres

Índice bibliográfico

[5] Conferencia episcopal alemana; Conferencia episcopal austriaca; Conferencia episcopal suiza; Archidiócesis de Luxemburgo; Archidiócesis de Vaduz; Archidiócesis de Estrasburgo; Diócesis de Bolzano-Bresanona, Diócesis de Lieja (eds.): Die Bibel. Einheitsübersetzung der Heiligen Schrift. Stuttgart, 2016.

[5] VV.AA.: Codex Iuris Canonici. Código de derecho canónico. BAC, 2021.

[5] VV.AA.: Conferencia episcopal austriaca (ed.): YOUCAT. Español. Catecismo joven de la Iglesia católica. Con un prólogo de Benedicto XVI. Encuentro, 2024.

[5] VV.AA.: DOCAT ¿Qué hacer? La Doctrina Social de la Iglesia. Con un prólogo del papa Francisco. Encuentro, 2016.

[5] Juan Pablo II.: Catecismo de la Iglesia católica. San Pablo, 1994.

[5] Lumen gentium: https://www.vatican.va/archive/hist_councils/ii_vatican_council/documents/vat-ii_const_19641121_lumen-gentium_sp.html

[5] Pablo VI.: Humanae vitae: https://www.vatican.va/content/paul-vi/es/encyclicals/documents/hf_p-vi_enc_25071968_humanae-vitae.html

[5] Juan Pablo II.: Familiaris consortio: https://www.vatican.va/content/john-paul-ii/es/apost_exhortations/documents/hf_jp-ii_exh_19811122_familiaris-consortio.html

[5] Joseph Ratzinger: Donum vitae: https://www.vatican.va/roman_curia/congregations/cfaith/documents/rc_con_cfaith_doc_19870222_respect-for-human-life_sp.html

[5] Benedicto XVI.: Caritas in veritate: https://www.vatican.va/content/benedict-xvi/es/encyclicals/documents/hf_ben-xvi_enc_20090629_caritas-in-veritate.html

[5] Papa Francisco: Amoris laetitia: https://www.vatican.va/content/francesco/es/apost_exhortations/documents/papa-francesco_esortazione-ap_20160319_amoris-laetitia.html

[5] Ídem: Gaudete et exsultate: https://www.vatican.va/content/francesco/es/apost_exhortations/documents/papa-francesco_esortazione-ap_20180319_gaudete-et-exsultate.html

[15] Ídem: Audiencia General del 24 de octubre de 2018: https://www.vatican.va/content/francesco/es/audiences/2018/documents/papa-francesco_20181024_udienza-generale.html

[15] Ídem: Prólogo a Youcat. Amor para siempre. Encuentro, 2026, 12.

[22] Los Beatles: All you need is love (1967).

[22] San Agustín: Confesiones: https://www.augustinus.it/spagnolo/confessioni/index2.htm

[24] Jaspers, Karl: Entre destino y voluntad, Guadarrama. Madrid, 1969.

[27] Serafin, Luc: Lächle – und die Welt lächelt zurück. Brunnen Verlag, 2014.

[29] Juan Pablo II.: Carta a las mujeres: https://www.vatican.va/content/john-paul-ii/es/letters/1995/documents/hf_jp-ii_let_29061995_women.html31

[31] Juan Pablo II.: 89ª catequesis del 11 de agosto de 1982, citada a partir de: Juan Pablo II: El amor humano en el plan divino. Fundación Gratis Date. Pamplona, 2003, V, p. 126.

[35] Juan Pablo II.: Homilía del 8 de abril de 1987: https://www.vatican.va/content/john-paul-ii/es/homilies/1987/documents/hf_jp-ii_hom_19870408_messa-cordoba.html

[36] Ricoeur, Paul: Sexualidad: la maravilla, la errancia, el enigma, Almagesto. 1991.

[38] Allen, Woody: cita de la película «Todo lo que siempre quiso saber acerca del sexo *pero nunca se atrevió a preguntar» (1972), cf. además: Andrews, Robert: The New Penguin Dictionary of Modern Quotations, Penguin Books, 2000, p. 7.

[39] Schiller, Friedrich: La canción de la campana: https://albalearning.com/Capitulo.aspx?id=5919

[41] Juan Pablo II.: Audiencia general del 20 de febrero de 1980: https://www.vatican.va/content/john-paul-ii/es/audiences/1980/documents/hf_jp-ii_aud_19800220.html

[43] San Agustín: Confesiones: https://www.augustinus.it/spagnolo/confessioni/index2.htm

[46] Cf. Benedicto XVI.: Deus caritas est 9-10.

[47] Ibídem. 11.

[48] Swift, Jonathan: Thoughts on various subjects, en: Idem: The Battle of the Books and Other Short Pieces: https://www.gutenberg.org/files/623/623-h/623-h.htm (traducción propia).

[52] Francisco: Christus vivit: https://www.vatican.va/content/francesco/es/apost_exhortations/documents/papa-francesco_esortazione-ap_20190325_christus-vivit.html

[53] Quass-Meurer, Hans-Jürgen: Lebe – was du liebst! Books on Demand (BoD). 2021, 19.

[53] Benedicto XVI.: Predigt zur Amtseinführung am 24. April 2005: https://www.vatican.va/content/benedict-xvi/es/homilies/2005/documents/hf_ben-xvi_hom_20050424_inizio-pontificato.html

[57] Knischek, Stefan: Lebensweisheiten berühmter Philosophen. 4000 Zitate von Aristoteles bis Wittgenstein. Humboldt, 2008, 73.

[59] Einstein, Albert: Mi visión del mundo, Tusquets 2005.

[59] Cf. Santo Tomás de Aquino: Summa theologiae I, q. 19, a. 9, co: https://www.corpusthomisticum.org/sth1015.html#29230 (texto en latín).

[62] Fight the New Drug: https://fightthenewdrug.org/analyzing-pornhub-2023-annual-report/ (traducción propia).

[68] Benedicto XVI: Prólogo a YOUCAT, Encuentro, 2014. https://www.vatican.va/content/benedict-xvi/es/letters/2011/documents/hf_ben-xvi_let_20110202_youcat.html

[69] de Caussade SJ, Jean-Pierre: Hingabe an Gottes Vorsehung, Benziger Verlag 1956, 193.

[71] Catecismo de la Iglesia católica. Compendio: https://www.vatican.va/archive/compendium_ccc/documents/archive_2005_compendium-ccc_sp.html Apéndice. Oraciones comunes.

[71] Spadaro, Antonio: Das Interview mit Papst Franziskus, Teil 1: https://www.herder.de/stz/online/das-interview-mit-papstfranziskus-teil-1/.

[72] Roesler, Irene: Vincent van Gogh. Sehnsucht und Leiden im Spiegel seiner Briefe, Books on Demand (BoD), 2010, 35.

[78] Hubbard, Elbert: The Notebook of Elbert Hubbard, Wm.H. Wise & Co 1927, 112.

[78] Hugo, Victor: Los miserables. Alianza. Madrid, 2015.

[79] Andonov, Zoran: Verteidiger des Glaubens, Asaph 2017, 115.

[83] Ansorg, Anja: ABC des Glaubens, Monsenstein und Vannerdat 2008, 55.

[84] San Agustín: In Epistulam Ioannis ad Parthos tractatus decem: https://www.augustinus.it/latino/commento_lsg/index2.htm trac. 7, 8 (traducción propia)

[85] Bertanzetti, Eileen, Dunn: Padre Pio's Words of Hope, Our

Sunday Visitor Publishing Division 1999, 174.

⁹⁰ Rowling, J.K.: Harry Potter y la cámara secreta, Salamandra. Barcelona, 2002.

⁹² Kierkegaard, Soren: Abschliesende unwissenschalftiliche Nachschrift zu den philosophischen Brocken. Zweiter Teil, Eugen Diederichs Verlag 1958, 130.

⁹⁵ C.S. Lewis: Los cuatro amores. afecto, amistad, el amor erótico y caridad, Rialp. Madrid, 2017.

¹⁰⁰ Probst, Doris: Weisheiten und Torheiten über die Liebe, Verlag Ernst Probst 2001, 83.

¹⁰¹ Benedicto XVI: Deus caritas est 6.

¹⁰² Schiller, Friedrich: La canción de la campana.

¹⁰⁴ Juan Pablo II: Homilía del 15 de noviembre de 1980: https://www.vatican.va/content/john-paul-ii/es/homilies/1980/documents/hf_jp-ii_hom_19801115_colonia-germany.html

¹⁰⁷ Lewis, C.S.: Mero cristianismo, Rialp. Madrid, 2017.

¹¹¹ Confucio: Lun Yu (Analectas), Fragmenta. Barcelona, 2025, capítulo 2, v. 24.

¹¹³ Evert, Jason and Crystalina: Cómo encontrar a tu alma gemela sin perder tu alma, Totus Tuus Press, 2022.

¹²⁰ https://www.spruch-des-tages.de/sprueche/die-person-die-dein-herz-gebrochen-hat-kann-nicht-die-person-sein-die-es-wieder-heilt-merk-dir-das/ (viñeta de Google)

¹²³ Meuser, Bernhard: kathnet-Interview „Kirche, du sollst nicht lugen!": https://www.kath.net/news/73207.

¹²⁴ Bieber, Justin: Interview mit der Vogue «Justin and Hailey Bieber Open Up About Their Passionate, Not-Always-Easy but Absolutely All-In Romance»: https://www.vogue.com/article/justin-bieber-hailey-bieber-cover-interview (traducción propia).

¹²⁶ Grant, Gary, en: Eliot, Marc: Cary Grant: la biografía, Lumen. Barcelona, 2007. (Antes de la introducción).

¹²⁶ Bonhoeffer, Dietrich: Gesammelte Schriften. 4. Auslegungen, Predigten, 1933 bis 1944, Chr. Kaiser 1961, 403.

¹²⁸ Gschwend, Riccarda: Typisch Einzelkind!? Chancen und Risiken eines Lebens ohne Geschwister, Books on Demand (BoD) 2020, 75.

¹²⁹ Asamblea general de la ONU: Declaración universal de los derechos humanos: https://www.ohchr.org/sites/default/files/spn.pdf Art. 16.

¹²⁹ Astrid Lindgren, Niemals Gewalt. Ansprachen anlasslich der Verleihung des Friedenspreises des Deutschen Buchhandels 1978, p. 38.

¹³⁴ Mičkovicová, Stani: sexo antes del matrimonio (Credopedia): https://youcat.org/es/credopedia/sexo-el-lenguaje-corporal-del-amor/

¹³⁶ Papa Francisco: Lumen Fidei https://www.vatican.va/content/francesco/es/encyclicals/documents/papa-francesco_20130629_enciclica-lumen-fidei.html 52.

¹³⁸ Nodet, Bernhard: Jean-Marie Vianney. Der heilige Pfarrer von Ars in seinen Gesprachen und Predigten, Otto Muller Verlag 1959, 180.

¹⁴⁰ Madre Teresa de Calcuta: Camino de sencillez, Planeta, 2008.

¹⁴⁸ Secretaría de la Conferencia episcopal alemana: Christen und Muslime in Deutschland (Arbeitshilfe 172), Bonn 2003, 382.

¹⁵² Juan Pablo II: Audiencia general del 13 de febrero de 1980: https://www.vatican.va/content/john-paul-ii/es/audiences/1980/documents/hf_jp-ii_aud_19800213.html 4.

¹⁵² Benedicto XVI: a un congreso organizado por el Instituto Juan Pablo II «para estudios sobre el matrimonio y la familia» el 11 de Mayo de 2006: https://www.vatican.va/content/benedict-xvi/es/speeches/2006/may/documents/

hf_ben-xvi_spe_20060511_istituto-gp-ii.html

¹⁶⁵ Ratzinger, Joseph: ¿Por qué sigo en la Iglesia?, en: Ídem: Obras completas. Vol. 8/2 Iglesia – Signo entre los pueblos. Escritos sobre eclesiología y ecumenismo, BAC. Madrid, 2020.

¹⁷² Madre Teresa de Calcuta: Commencement Address to the Class of 1982: https://www.thomasaquinas.edu/about/bl-mother-teresa%E2%80%99s-commencement-address-class-1982, transcripción del vídeo a partir de 15:35.

¹⁷⁴ Madre Teresa de Calcuta: Amor: un fruto siempre maduro, Atlántida 1995.

¹⁷⁴ Lutz, Manfred: Interview mit dem ERF Eine Portion Gluck, bitte!: https://www.erf.de/lesen/themen/leben/eine-portion-glueck-bitte/6866-542-5395.

¹⁷⁵ Gruber, Hans-Gunter: Christliche Ehe in moderner Gesellschaft, Herder 1994, 304.

¹⁷⁶ Plataforma WIGE für Geschiedene und Wiederverheiratete: Aufmerksamkeiten. Pastorale Handreichung für den Umgang mit Geschiedenen und mit Menschen, die an eine neue Partnerschaft denken. Nueva versión con citas extraídas de Amoris Laetitia, Wien 2017: https://www.erzdioezese-wien.at/dl/slKnJKJLLLLNJqx4kJK/wige_Aufmerksamkeiten_2017_WEB_pdf.

¹⁸² Cf. en relación con la cita y la reflexión del papa Francisco: AL 218.

¹⁸³ Cf. Ibid, 219.

¹⁸³ Ibid., 219 en combinación con ibid., 134.

¹⁸⁴ Papa Francisco: Discurso a las parejas de novios que se preparan para el matrimonio, 14 de Febrero de 2014: https://www.vatican.va/content/francesco/es/speeches/2014/february/documents/papa-francesco_20140214_incontro-fidanzati.html, Respuesta a la 3ª pregunta.

¹⁸⁴ Mauriac, Francois: Woman of the Pharisees, The Noonday Press 1964, 125 (traducción propia).

¹⁹² Chapman, Gary: Los cinco lenguajes del amor. El secreto del amor que perdura, Unilit 2017.

¹⁹⁵ Andonov, Zoran: Verteidiger des Glaubens, Asaph 2007, 40.

¹⁹⁵ Grün, Alselm: Leidenschaften und Gefahrdungen: Sieben Todsunden: https://www.kirchenzeitung.at/site/archiv/article/20047.html.

¹⁹⁷ Juan Pablo II: Angelus del 12 de marzo de 2000: https://www.vatican.va/content/john-paul-ii/es/angelus/2000/documents/hf_jp-ii_ang_20000312.html 2.

²⁰⁵ Morgenstern, Christian: Stufen. Eine Entwicklung in Aphorismen und Tagebuch-Notizen: https://www.projekt-gutenberg.org/morgenst/stufen/chap004.html, capítulo Kunst, año 1895.

²⁰⁶ Grubenmann, Nadine: Ausgewahlte Weisheiten, Zitate und Sprichworter aus aller Welt. Inkl. Bauernregeln und einige Eselsbrucken, Books on Demand (BoD), 2016, 83.

²¹² Benedicto XVI: Caritas in veritate 28.

²¹⁹ Peguy, Charles: El misterio de la caridad de Juana de Arco, Encuentro. Madrid, 1992.

²¹⁹ https://fathersofmercy.com/some-important-quotes-ont-he-sacrament-of-matrimony/

²²¹ Bernanos, Georges: La alegría. Escelicer. Madrid, 1956, capítulo 1.

Índice de imágenes